财经易文

www.ewinbook.com

超越约束理论

[美] 威廉·莱文森（William A. Levinson） 著
任建标 译

Beyond the Theory of Constraints

中国财政经济出版社

图书在版编目(CIP)数据

超越约束理论/(美)莱文森(Levison, W. A.)著;任建标译. —北京:中国财政经济出版社,2009.10

书名原文:Beyond the Theory of Constraints

ISBN 978-7-5095-1833-5

Ⅰ. 超… Ⅱ. ①莱… ②任… Ⅲ. 企业管理:生产管理—研究 Ⅳ. F273

中国版本图书馆 CIP 数据核字(2009)第 168821 号

著作权合同登记号:图字 01-2008-5036 号

责任编辑:刘 静 责任校对:孙志敏
封面设计:华乐功 版式设计:孙志云

William A. Levinson
Beyond the Theory of Constraints
ISBN 978-1-56327-370-4

中国财政经济出版社出版
URL: http://www.cfeph.cn
E-mail: webmaster@ewinbook.com

社址:北京海淀区阜成路甲 28 号 邮政编码: 100036
发行电话: 010-88191017
三河市祥达印装厂印刷 各地新华书店经销
787×1092 毫米 16 开 11.5 印张 110 千字
2010 年 1 月第 1 版 2010 年 1 月北京第 1 次印刷
定价:35.00 元
ISBN 978-7-5095-1833-5/F·1535
(图书出现印装问题,本社负责调换)

译者序

约束理论（Theory of Constraints，TOC）是以色列物理学家、企业管理顾问高德拉特博士（Dr. Eliyahu M. Goldratt）在他开创的优化生产技术（Optimized Production Technology，OPT）基础上发展起来的管理哲理，该理论提出了在制造业经营生产活动中定义和消除制约因素的一些规范化方法，以支持连续改进（Continuous Improvement）。同时，约束理论也是对 MRPⅡ和 JIT 在观念和方法上的发展。高德拉特博士创立约束理论的目的是要找出各种条件下生产的内在规律，寻求一种分析经营生产问题的科学逻辑思维方式和解决问题的有效方法。

世界上很多制造型企业都应用约束理论对各自的生产体系进行了解构、控制和改善，同时也出现了多家软件公司开发了基于约束理论的企业生产优化系统，众多咨询公司利用基于约束理论的工具对很多企业进行咨询，使得约束理论成为业界最时髦的名词之一。

本书以生产系统中的波动性为重点，全面介绍了约束理论，尤其是从工程和管理经济学的角度进行了讲解。作者随后介绍了拉式生产控制方法，如看板和同步流生产的鼓—缓冲器—绳子（DBR）系统，分析了处理时间和物料转移时间的波动所造成的影响，并解释了为什么波动会阻止工厂实现产能100%的利用。然后，作者又介绍了减少处理时间和物料转移时间波动的方法以及提高生产率和减少周转时间的方法。

本书介绍了火柴棒游戏和骰子模拟软件，引用了很多案例和约束理论的历史发展典故，还对约束理论的线性规划的基础进行了详细介绍。本书主题的选取具有较强的代表性，对实际工作具有较强的指导作用。作者为了强调故事和事例在学习中的作用，在正文中普遍采用了轻松活泼的笔法，对一些企业的具体实践进行了论述，使读者能够加深对约束理论的理解，并提高利用约束理论分析实际问题的能力。从这个意义上讲，这真正符合了本书的书名——超越约束理论。

译者水平有限，译文中难免有不当和错误之处，敬请读者批评指正。

任建标

上海交通大学安泰经济与管理学院

jbren@ sjtu. edu. cn

2009 年 10 月 28 日

目　　录

第4章 减少波动

第5章 改善生产率

前　言

在《目标》(*The Goal*) 一书中，高德拉特 (Eliyahu Goldratt) 和考克斯 (Jeff Cox) 提出了这样一个问题："为什么在经过这么长时间和付出如此多的努力后，没有人能成功地运营一家平衡的工厂?"[1] 亨利·福特 (Henry Ford) 声称他已经做到了这一点："方法是工人在工作中必须做到有条不紊，合理安排每一秒钟，不浪费任何时间。"[2] 福特看起来成功地实现了《目标》中提出的不可能实现的目标。

当制造工程师想到波动 (variation) 时，他们首先会想到产品特征的质量关键指标。实际上，产品特征波动的概念是质量科学的中心。但是，这种波动并不是阻止一个平衡工厂100%的运营能力。处理时间和物料转移时间的波动会浪费产能，或者需要大量库存来保证其不受影响。因此，有必要在开始时陈述下列观点：

- 产品特性的波动会造成返工和废品。这是我们所熟悉的随机波动 (random variation) 或者一般原因的波动，这些波动的影响可以通过测量柱状图显示出来。工序标准差是统计过程控制图中控制限 (control limit) 的基础。
- 处理时间和物料转移时间的波动是周期时间更长和库

存更多的根本原因，也是不能近100%利用产能运营平衡工厂的根本原因。

在《目标》一书中，两位作者用火柴棒和骰子游戏模拟了后一种波动的效果。这个模拟也显示出福特的观点显然是错误的，是一个错乱的噩梦。在这个恶梦中，工厂的库存泛滥，同时队列中的周转时间也变得无限长。随着利用率接近100%，队列中的周转时间会接近无限长（因此库存也会接近无限多）——除非处理时间和物料转移时间的波动趋于零。福特的生产系统就被设计得可以抑制这种波动，我们需要对他所使用的方法进行仔细观察才能看出其成功之处。此外，丰田“平准化生产”（heijunka）的概念反映了抑制这种“随机”波动的需要和能力，这种波动是由《目标》一书在利用火柴棒和骰子对工厂进行模拟时提出的。

“准时生产制（just-in-time，JIT）也是毫无帮助的，除非下游生产实行均衡计划（丰田所提到的heijunka）来平滑与实际顾客需求无关的每日订单流。否则，瓶颈很快就会在上游出现，任何环节都需要用缓冲（安全库存）来阻止瓶颈的出现。”[3]

作者总结道：《目标》中火柴棒和骰子游戏是讲解波动对于产出和库存影响的优秀工具。这个例子还无意中介绍了这样一个教训：工厂受到波动的支配。一次掷骰子代表不可避免的“随机波动”（也叫做一般原因波动），但是“工作站”仍然有处理6个单位的能力。本书的目的就在于教会读者该如何识别并消除波动，从而每次都可以掷出6点。

本书的组织架构如下：

- 第1章是约束理论（TOC）概述，并从工程和管理经济学的角度介绍了 TOC。

- 第 2 章介绍了拉动式生产控制方法，如看板和同步流生产（synchronous flow manufacturing）的鼓—缓冲器—绳子（DBR）系统。
- 第 3 章介绍了处理时间和物料转移时间的波动所造成的影响，并解释了为什么波动会阻碍工厂实现 100% 的产能利用。
- 第 4 章描述了降低处理时间和物料转移时间波动的方法。一些材料与第 5 章的主题有重合，因为抑制波动的技术常常也会改善生产率，反之亦然。
- 第 5 章讨论了提高生产率和减少周转时间的方法。这些方法对于改善瓶颈（增加产能）是很有用的，并且可能会减少波动。

火柴棒和骰子模拟软件

作为一个附加的学习，可以到 http：//www. ct-yankee. com/lean/toc_dice. html 下载模拟火柴棒和骰子游戏的程序。这个程序是利用 Visual Basic Service Pack 6 编写的，可以在多数 Windows 操作系统中运行。安装需要 Dice. CAB、Setup. exe 和 SETUP. LST 这几个文件，所有的文件都要放在同一个目录下。

每掷一次骰子就可以模拟一个工作站。工作站可以处理掷出点数中的最小值和队列中等待的单位数量。每个工作站开始时都有 4 单位库存来减少系统达到理想中稳定状态的必要时间。

用户可以在 1 个和 6 个工作站之间进行选择，模拟间隔以秒为单位。较长的时间间隔可以让用户看到每轮模拟的细节，而较短的时间间隔可以让用户看到运行几千次后会发生什么。条形图显示出了每个工作站的库存（可能是很大的库存，就像许多工厂中可以看到的那样）。相邻的图显示了系统中的平均产出和总的库存。

注：

[1] Goldratt and Cox, *The Goal*, 1992, p. 86.

[2] Ford, *My Life and Work*, p. 82.

[3] Womack and Jones, *Lean Thinking*, p. 58.

1

第 1 章

约束理论

在约束理论中，每个生产工序的能力都受到有能力约束的资源（capacity-constraining resource，CCR）或者瓶颈的限制。《目标》一书利用“童子军远足”的例子介绍了这样一个原则：一系列相互依赖的活动的执行速度不会比其中最慢的部分更快（如图 1.1 所示）。

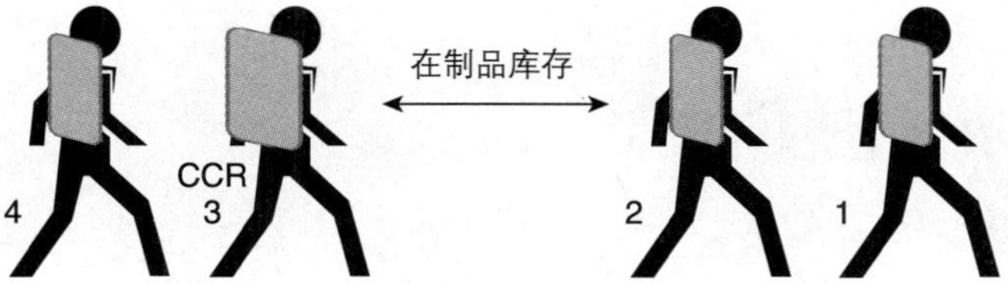

图 1.1　说明约束理论的一只远足队伍

在这个类比中，旅行的总距离代表有效产出或者总的生产能力，队伍的长度代表库存。每个人代表一道生产工序，产品的生产必须经过所有的四道工序。第三个远足者背了更重的包，所以他的前进速度比其余的人都慢。他就是一个瓶颈，或者叫有能力约束的资源。

第一个远足者表示生产的开始。如果第一个远足者和第二个远足者都以他们最快的速度前进，那么第二个远足者和第三个之间的距离（库存）就会持续增加。在《目标》一书中，用第三个和第一个远足者之间的绳子来比喻拉动式生产控制系统，其中瓶颈的速度被设置为生产的节奏。这缩短了队伍的长度（在制品库存），因为走在前面的人的行进速度不会比瓶颈快。在最慢的远足者和前一个人之间允许有一定的距离。如果由于前面的人稍微变化了自己的步伐或者被绊倒了（如设备停止工作），从而使得最慢的远足者不得不暂停甚至停止时，它会永远都追不上已落下的路程。在同步流制造中，这个距离被称为缓冲（buffer）。

这一组远足者不会比其中最慢的成员更早到达目的地，同样，一个制造过程不会先于其中最慢的操作而完成。这个道理是显而易见的，但是它对管理经济学和商业决策制定着很深刻的含义，这一问题将在以下部分中进行讨论。

1.1 含义：管理经济学

金钱很宝贵，生命更宝贵，但是时间是最宝贵的。一分钟可以决定一场战斗的胜负，一个小时能够决定一次战役的胜负，一天可以决定一个帝国的命运……我不是按照小时而是按照分钟来工作的。

——亚历山大·苏沃洛夫元帅（Aleksandr V. Suvorov）[1]

基本原则：速度制胜（打败竞争者）。

本章最重要的结论之一大概就是时间是一种成本。即使是最完美的管理经济分析也仅仅考虑了边际或者差量现金流（这个概念将在这一章中深入讨论），但却忽视了时间成本这一点。

古老的格言“时间就是金钱”从一定程度上说明了这个问题。“时间就是金钱”不仅因为要为工人的工作时间支付工资，还因为时间在市场中是一种决定性的竞争优势。企业往往关注工作时间的量化，因为工人的工资是根据时间支付的。在网络上搜索可以找到很多关于“时间核算”（time accounting）的网页，但是这些网页主要的关注点是对不同项目和活动的劳动力和工作时间计费，即人工花费的时间。本书后面将考虑一种时间的计算方法，这种方法关注在零件作业上所花费的时间。

如果发现工人们在一个工作日中 95% 的时间无所事事，只是站在那里，大部分企业领导者都会非常生气，但是领导者对那些花了 95% 的时间且没有任何价值的零件漠不关心。没有人注意到库房或者仓库中的零件，因为这些零件不花费任何工人的工作时间。但是，交付期过长或者没有能力完成准时化配送会导致企业落后于竞争者。当然，根本的问题是不能将周转时间作为绩效评估的一个标准。

不考虑周转时间的成本，还会导致错误的节约措施。让卡车将货物送到某个地方，在没有达到满载的情况下，边际成本会增加，因为司机的时间和卡车烧掉的燃油都需要你付出真金白银。如果直到满载时才发车，则会使交付期延长，同时恶化了批量和排队效应。只有认识到时间是一种成本，才会考虑共用卡车和其他方法，使得运输更加经济。

在所有商品中，时间可能确实是最贵的，在瓶颈上失去的时间将永远地失去。CCR 不能事先储存可以补偿差额的能力。

这种不能事先储存能力的特点对于流程的管理经济学有着有趣并且很重要的影响。与在瓶颈环节前消除质量缺陷相比，瓶颈环节的返工会成本更高，因为瓶颈没有多余的时间可以浪费。在瓶颈之后消除缺陷同样会带来灾难，因为瓶颈没有多余的能力来补偿这些损失。机会成本的概念在管理经济学中是非常重要的，下面我们将对这一概念进行详细解释。

1. 机会成本

本杰明·富兰克林（Benjamin Franklin）可能是真正的精益生产之父，他在《通往财富之路》（*The Way to Wealth*）一书中写道："失去的时间是再也找不回来的……"[2]在约束理论中，这句话可以诠释为"瓶颈环节上失去的时间是再也找不回来的"。在《穷查理历书》（*Poor Richard's Almanack*）中，富兰克林发现："那些白白浪费价值 5 先令时间的人就等于失去了 5 先令，就像将 5 先令扔进了河里。"[3]这准确地强调了当 CCR 不能工作、缺乏人手或者机器停工时会发生的情况。亨利·福特认为富兰克林影响了自己的思维过程，他提出了下面这条原则：

> 时间的浪费与材料的浪费是不同的，因为时间的浪费是不可挽回的。最容易被浪费又最难挽回的就是时间的浪费，因为浪费的时间不会像浪费的材料那样摆在地面上[4]。

这一原则进一步强调，"时间核算"不是针对人员的，而是针对在制品（work-in-process，WIP）和周转时间的。同时，机会成本也几乎只与时间的损失有关，而与材料的浪费或损失无关：

> ……会计（绝对）成本和机会（选择）成本这两个基本概念之间最根本的区别之一是……机会成本与放弃某些机会或者追求其他机会有关[5]。

简单地说，上述观点指的是投资给一个企业的资金不能再投资给另一个企业。当计算私有房产的成本时，很多人只考虑到他们每个月的贷款偿还、税收、房主保险和维护费用，而没有考虑到这些投资到房屋上的钱就不能再投资于股票市场或者存入银行，所以拥有房子的真正成本必须包括这笔资金可以赚取的所有利息和分红。另一方面，不必支付房租可以看成税后收入。

詹姆斯·瑞格（James L. Rigg）将机会成本的概念延伸到因为一件商品没有存货（特别是那些易腐和易过时的商品）而放弃的收入[6]。水果和蔬菜在限定的时间内卖不出就会坏掉，前一天的报纸也没有价值。另一方面，如果因为没有这些存货而使顾客需要的时候买不到，那就意味着销售和利润的减少。这些例子解释了在产品容易过时的情况下精确地预测需求的重要性，还显示了为什么根据订单生产的能力可以提供巨大的竞争优势。例如，如果能够在销售点根据订单来印刷报纸，就不会存在缺货和库存过剩的风险。

在很多情况下，能力是固定的，并且必须与期望的需求相适应。举例来说，考虑一架有100个座位的飞机或者一家有100个房间的宾馆。如果在某次飞行中这架飞机只卖出了80张票，或者这个宾馆在某一天只有80位客人入住，其余的20个能力单位将永远无法卖出或者被利用，因而就永远失去了从这些座位或者房间盈利的机会，因为没有被利用或者浪费的瓶颈能力意味着永远的失去。当时间被浪费在制造或者服务的瓶颈上时，多制造或者卖出一件产品的机会就失去了，并且是永远都不能找回的。

2. 瓶颈中断带来的经济影响

无论是因为缺少工作（被称为“瓶颈饥饿”）或者返工，瓶颈环节的任何中断所带来的真正影响会大大超出会计成本。理解这一点的最好办法是检查现金流。假设产品的价格是 110 美元，人工成本、原材料成本和制造费用在表 1.1 中列出。

表 1.1 人工成本、原材料成本和制造费用（单位：美元）

	操作		
	1	2(瓶颈)	3
原材料	5	5	5
人工	5	5	5
制造费用	10	10	10

如果瓶颈环节返工，成本会计系统会收取 20 美元：原材料成本和人工成本各为 5 美元，制造费用为 10 美元。会计系统可能还会将在其他操作中没有用到的原材料成本和人工成本（因为返工使得少生产一件产品）当成产量变动。从现金流的角度来看，这种情况就大不相同了，如表 1.2 所示。

表 1.2 瓶颈环节返工的现金流成本（单位：美元）

返工产品需要的原材料	5
瓶颈能力的浪费带来的销售量的损失	110
操作 3 中没有用到的材料(因为从瓶颈环节过来的产品少了一个)	(5)
操作 1 中没有用到的材料(减少一个产品用来补充瓶颈前的库存缓冲)	(5)
总的返工成本(现金流)	105

换句话说，瓶颈环节的返工实际上花费了105美元，而不是成本会计中所显示的20美元。这点很重要。一方面，人工成本和制造费用并不是真正的花费，因为不管工人工作还是不工作，企业都要为其支付工资。瓶颈环节的操作员返工一个不合格产品而不是再生产一个好的产品没有真正增加工厂的成本。无论瓶颈发生什么，工厂仍然需要支付公共设施、保险和其他固定成本。返工实际增加的原材料成本为5美元，因此完成这件产品实际花费了20美元，而不是15美元。进一步来说，工厂的有效产出减少1个，操作1和操作3就少利用5美元的材料。但是工厂不能靠减少产出来赚钱，这次返工带来的差量现金流损失了105美元。

关于差量成本和现金流，本章在后面会进行更加详细的讨论。下面我们将讨论约束理论中简单而实用的绩效评价方法。

1.2　绩效评价

"嗯，第一个人也许了三次愿，"莫里斯回答，"我不知道他的前两个愿望是什么，但他的第三个愿望是死亡。这就是我得到这个猴爪的原因。"

——雅各布斯（W. W. Jacobs，英国小说家，《猴爪》为其著名的恐怖小说），《猴爪》（*The Monkey's Paw*）

"小心你的许愿，它可能会成真。"这是一句古老的谚语，很多传奇和民间故事中都曾提到它。有两个基本原则适用于所有企业的绩效评估：

- 绩效评估可以激励行为。管理层总是能得到他们要求的东西，但要求的东西并不总是他们想要的。这就是雅各布斯的恐怖故事《猴爪》带给我们的教训。在故事中，一个邪恶的灵符为了实现拥有者的愿望，采取了最恶毒的手段。现实环境中的雇员不像那个灵符，他们很少是有恶意的，他们理性地对要求做出反应，并进行评估。一般来说，这意味要按照能够带来激励的方式行动。不恰当的绩效指标会引起人们不恰当和破坏性的行为。

- 衡量标准应该客观地评价业务流程的绩效，这些业务流程应易于被所有的参与者理解。它们的数量应较少。

约束理论只运用了三个简单的衡量标准：有效产出、库存和运营费用。

- 有效产出是指交给顾客的产成品，而不是在仓库中的那些希望找到顾客的产成品。有效产出越多越好。
  —大野耐一（Taiichi Ohno）将周转时间也加入有效产出的衡量。“我们所做的是关注顾客下订单到我们收到现金所需要的时间。我们正在通过消除不增加价值的浪费来缩短这段时间。”[7]
  —作为约束理论的第四个衡量标准，周转时间对于库存这一衡量标准来说在一定程度上是多余的，因为根据利特尔法则（Little's Law），周转时间等于库存除以有效产出。TOC 的衡量标准鼓励改善其中的两个，这样，第三个会自动被优化。但是，作为外在的衡量标准，周转时间的引入为企业提供了全新的视角。寻找减少库存的方法也可以带来周转时间的缩短，同样，寻找缩短周转时间的方法也能减少库存。

- 库存是指工厂投资在希望卖出的所有产品上的资金。尽管传统的成本会计将库存作为一种资产，但库存越少越好。
- 运营费用越少越好。大野耐一进一步强调了这个观点，他指出，将成本转嫁给消费者这一商业战略是行不通的。

一些衡量指标，如设备利用率（equipment utilization）、制造费用分配（overhead absorption）、投资收益等，没有出现在约束理论中，这是有原因的。这些指标会给公司带来混乱，就像那个故事中的猴爪会带给其主人带来混乱一样。下面我们举一些例子来说明。

1. 不健全的绩效评估及其影响

"成本会计系统不是一个自杀性的协定。"[8]

亨利·福特创造出的生产方式现在被称为"精益生产"（lean manufacturing），但与他同时代的阿尔弗雷德·斯隆（Alfred Sloan）却播下了美国汽车产业衰落的种子。詹姆斯·哈林顿（James Harrington）[9]描述了斯隆和他的财务主管唐纳森（G. Donaldson）是怎样创造成本会计系统的，在这个系统中，库存被认为和现金一样有价值，它鼓励库存的生产，无论是否需要。此外，斯隆的成本会计系统"允许企业内部的一个部门将产品卖给另一个部门，这样，尽管钱没有真正地从一个部门转移到另一个部门，但销售产品的部门赢得了利润。这使得企业的价值膨胀，同时增加了支出，掩盖了返工成本以及多余零件的成本”。

这位作者补充道，斯隆的成本会计系统还被写入了美国的税法，但他进一步指出，只有当顾客购买了产品或者服务时，企业才取得了真正的利润。当然，这在约束理论中被定义为有效产出（throughput）。

如果成本很高，在制品在企业内部销售会产生一些有意思的效果。阿兰·罗宾逊（Alan Robinson）举了这样一个例子：一家食品加工厂的一个车间将配料装进盒子里，将盒子密封，贴上商标，然后送到不到100码远的食品包装车间。在这里，人们撕开这些盒子，然后将这些配料重新包装成零售包装。一名运营管理系的学生经过仔细观察后指出，如果第一个车间不将配料包装起来可以节省大量成本和劳动力，但是她被告知这是不可能的，因为包装车间不得不从主生产线上“购买”配料[10]。还有一个很老的笑话也是一个经典的例子，这个笑话是关于挖坑和填土的，两个人一起挖坑，然后将泥土填到对方挖的坑里，如图1.2所示。看过一些现实中的例子后，你就会发现这个笑话并不那么好笑。

图1.2　不健全的成本会计系统的影响

查尔斯·斯坦德（Charles Standard）和戴尔·戴维斯（Dale Davis）引用了一家坐落于密歇根东南部的发动机工厂的例子。这家工厂生产管理者的绩效衡量指标是每天的发动机产量是否达到1800台，即使下游顾客的需求只有1600台也是如此。这位管理者按照其上层领导的意愿每天生产1800台发动机，到后来他的发动机库存数以千计。这家工厂在几周后就倒闭了，而它的下游顾客还没来得及买走它的库存[11]。

斯坦德和戴维斯还引用了一个采购部门的例子。这个部门的绩效是依据其低价采购材料的能力来进行评估的。但是，运输成本并不是算在采购部门的头上，而是要由使用这些材料的装配车间来支付。那么，采购部门可能会这样来选择供应商：其每单位零件的成本少1分钱，但每单位零件的配送费用却多5分钱。制定“购买材料时尽可能得到更低的价格”的绩效评估政策的管理者实现了他的愿望，尽管由此导致的更高的整体成本并不是他们所想要的。

实际上，200多年来，不恰当的购买一直都是一个问题。正如本杰明·富兰克林在《通往财富之路》一书中提出的警告：

> 你把它们称为商品（goods），但是如果你不小心，它们会对你们中的一些人造成伤害。你希望它们的价格便宜，甚至希望它们能以低于成本的价格卖出，但是如果你不想购买它们，那么它们对你来说就太贵了。记住穷查理所说的：“在购买你不需要的商品之前，你应该先卖掉你的必需品。”还有：“为一个便士值得停留一会儿。”他的意思是说，或许最便宜只是表面上的，而不是真正意义上的；或者说通过整顿业务（通过限制资金来紧缩经济状

况）得到的便宜，对你来说可能弊大于利。在另一个地方，他说：“很多事情因为购买便宜货而失败了。”[12]

亨利·福特在《我的生活和工作》（*My Life and Work*）一书中表达了相同的观点：

> 经过多年的仔细统计，我们发现，在需求发生之前购买并不会带来好处——一次购买的收益会被另一次购买的损失抵消掉，最后我们会遇到一大堆麻烦而得不到相应的收益……我们不会因为价格高而少买，也不会因为价格低而多买。我们购买的数量不会超过需求的数量。做出这样的决策并不容易。投机最终会毁掉任何制造商。给他几个在购买过程中可以赚钱的例子，不久他就会更多地考虑通过买卖来赚钱，而不是通过他的法定主营业务，那么他将会遭遇重大挫折。避免麻烦的唯一方法就是购买所需要的——不多也不少[13]。

在实践中，大批量购买那些肯定能用到的零部件和原材料是可以接受的。福特自己也在 Dearborn 钢铁厂储存了大量的铁矿石。原因如下：（1）铁矿石不会腐烂或者过时；（2）在冬季，五大湖会封冻，便于运输。毫无疑问，后一个因素是最重要的。根据福特的记录，从铁矿石到生产出汽车的周转时间仅为 33 个小时，煤或者铁矿石的不足造成的工厂停工不会超过 2 天[14]。这个例子说明，如果满足以下条件，违反富兰克林和福特关于只在产生需求时才购买的一般性建议是可以接受的：

- 库存不会腐烂或者过时。
- 库存不是一个只有在进入生产线后才能发现质量问题

的潜藏地。

- 在需求产生之前提前大量购买的折扣大于库存的存储成本。

当决定是否在需求产生之前就购买或生产时，首先应该确认华莱士·霍普（Wallance Hopp）和马克·斯皮尔曼（Mark Spearman）所谓的“推式—拉式界面”（push-pull interface）[15]的位置。这个点可以有效地表示产品差异化是从什么地方开始的。在达到“推式—拉式界面”之前，在制品就好像是胚胎干细胞，这个细胞可以发育成为身体的各个部分。然后，它的灵活性开始受到很大的限制。霍普和斯皮尔曼引用了服装制造商贝纳通（Benetton）的例子，它按照库存生产未染色的毛线衫，然后根据订单进行染色。没有染色的毛线衫过时的风险很小，而根据订单染色就保证了毛线衫不会因为顾客不喜欢颜色而卖不出去。

CafePress（美国最老牌的定制服务公司）采用了一个类似的模式。公司存储无差异的白外套、咖啡杯、海报、汽车保险杠贴纸等，只有收到订单时才印上相应的设计图案。其他在线零售商业也采纳了这种商业模式。

2. 设备利用率指标

“设备利用率”是另一个危险且具有破坏性的绩效评估指标，它源于另一个致命的错误：让成本会计系统控制工厂的运营。成本会计师必须使用被美国国内收入署和证券交易管理委员会所接受的方法来报告收入和费用，但这些报告对于制定管理决策的价值很小。

比如说，考虑一台机器，购买它花了100万美元，根据税收规定，必须在5年内计提折旧。为了遵守这些规定，成本会计部门每年计提20万美元的折旧，然后记为制造费用，分摊到产品成本中。成本会计系统通常要求工厂尽可能多地生产产品，以降低每单位产品的制造费用，设备利用率指标就是根据这一期望制定的。接下来的实例说明了成本会计指标怎样成为“自杀协定”：

> 为了使闲置的机床保持忙碌，摊薄固定制造费用，不管顾客是否需要，机床都不停地加工着零件。结果，新的瓶颈产生了，在制品作为不需要的零件向下游移动。不需要零件的库存增加了，生产这些零件占用了生产顾客需要的零件所用到的资源。这些不需要的零件占用了宝贵的机器时间，消耗了稀缺的二次加工资源，浪费了装配劳动力。这是发货延迟的重要原因[16]。

丰田的大野耐一也认识到等待的浪费，他还发现，过度生产的浪费经常能够掩盖这种浪费并使其恶化：

> 在所有的制造环境中，我们总能看到人们提前加工。工人们不愿意等待，他们迫不及待地开始生产下一个零件，所以等待被隐藏起来了……在丰田生产方式中，这种现象被称为过度生产的浪费，这是我们最大的敌人，因为它掩盖了其他浪费[17]。

管理者必须意识到，不管成本会计部门怎样进行折旧，工艺设备的投资都是一种“沉没成本”。生产不需要的库存是有成本的。

3. 沉没成本

沉没成本（sunk cost）是已经花出去的钱，对它的详细解释如下：

> 沉没成本因过去采取的行动而不是当前制定的决策而存在。因此，沉没成本不是一种差量成本。今天制定的任何决策都不能改变已经发生的事情[18]。

尽管成本会计系统不得不将这项投资以折旧的方式进行记录，但是它和管理决策的制定没有任何关系。亨利·福特明确指出，虽然法律要求根据会计处理程序对工厂和设备进行评估（福特认为这样做没有意义），但是它们的实际价值只体现在它们的所有者能利用他们做什么[19]。大野耐一也表达了相同的意思：一台机器的价值只能通过它当前的盈利能力来定义[20]。瑞格补充道：

> 由沉没成本所产生的思维定势难以理解，除非出现了个人的财务困难。一笔庞大的沉没成本对于当前年份的盈利情况是有害的，还可能导致当前的管理者受到责难，尽管他们跟造成这种情况的最初采购和采用的折旧计划没有任何关系。此外，还有这样一种感觉："我们对它的投资太多了，虽然卖掉还能值些钱，但我们不能承担这些损失。"[21]

最后一句话使人想起了一句古语——"花钱填无底洞"，它还提醒我们：传统的成本会计关注我们到过哪里，而管理会计或工程会计则关注我们要去哪里。没有人会通过看后视镜来驾驶一辆汽车或者一架飞机，但是很多商业组织被以前的财务指标引入了破产的境地。

为了将折旧分摊到尽可能多的产品上而过度使用价值100万美元的设备，这样只会把更多的钱花在生产无价值的库存上。如果工具设备对你来说真的没有用，就应该把它卖给需要的人，即使卖掉它可能是一种损失。举例来说，如果对一只价值100万美元的白象的最高出价是30万美元，其所有者选择了不卖出，“我应该继续保留白象还是遭受70万元美元的损失呢?”所有者必须做出的抉择是继续保留对自己没有价值的东西，还是通过将它卖给最高的出价者而收回30万美元。

罗伯特·谢克里（Robert Sheckley）的《不定钥匙》（*The Laxian Key*）[22]是一篇出色的科幻故事，它说明了过度利用的危险。一个人从Joe的星际废品销售站购买了一台机器，叫“免费生产者”（Free Producer），并且被告知他可以利用这台机器发大财。他打开机器，机器便开始生产一种灰色的物质，显然不需要任何投入。但是不久后他发现，这台机器从附近的电力线上吸取能量来制造它的产品，而电力公司也要求他支付电费。第一个教训就是，没有什么东西是免费的，在现实世界的工厂中也是如此。利用设备是要消耗成本的，因为原材料也不是免费的。

这时，故事的主人公自然想关掉机器，但是在第一次读了说明书之后，他发现他需要一种被称为“不定钥匙”（Laxian key）的东西。因为没有不定钥匙，于是他将“免费生产者”放在自己的宇宙飞船中，向一个星球飞去，这个星球的居民以这种被称为Tangreese的灰色物质为食物。刚刚到达那里，生气的入境官员就拦住他，并要求他立刻将这台机器从这个星球上带走。绝望中，他想将这台机器作为礼物送给他们，使他们可以为穷人提供食物。入境官员指了指堆积如山的灰色 Tangreese，算是对他的答复。他们反复要求他立刻带着这台机器离开这个星球，并说："如果你能找到不定钥匙，请回来，尽管开价。"

实际上，工厂的问题不是缺少一个关闭开关，而是不恰当的设备利用率指标，这些指标阻止了工厂工人停下那些造成浪费的机器，以减少资源的浪费和库存的生产，这些库存的唯一目的就是吸收制造费用或者折旧成本。实际上，在面对堆积如山的库存时，最好与工厂工人分享不定钥匙。尽管由于会计系统的原因使很多人仍然把库存看成一种资产，但让他们理解这些指标的真正含义会使他们以不同的视角来看待库存。

4. 投资回报率指标

沉没成本的概念还可以应用到投资回报率（ROI）上，这是另一个危险的财务指标。ROI 实质上是减去折旧后的收入除以在一台设备上的投资所得到的商：

$$ROI = \frac{\text{收入} - \text{折旧}}{\text{投资}}$$

从成本会计的角度来看，让陈旧的设备继续运转是有争议的，因为折旧已经为零，账面价值，也就是分母，也为零。不幸的是，拥有这台设备的公司最终会这样想：为什么高得惊人的 ROI 没有能够阻止那些更加开明的竞争者（使用最先进的生产设备）从地球上消失呢？任何想避免这种命运的公司应该明智地留心亨利·福特关于厂房和设备真正价值的评论："实际上，只有我们能够利用它们时，它们才是有价值的。"

1.3 约束理论中的变动成本

传统的成本会计通常将每小时人工劳动作为一种变动成本。每一件产品标准的人工成本是生产这件产品所需要的工人工时数乘以每名工人每小时的工资和津贴成本。这显然是符合逻辑的，但最终有人意识到，在实践中，工厂为闲置的工时支付报酬，而没有考虑到能否利用它。只有当满足以下条件时，人工成本才真正成为变动成本（更精确地说是边际成本）：

- 当工厂不需要工人时，可以解雇他们，只有他们上班的时候才向他们支付工资。
- 工厂正在支付加班工资。

否则，只有那些真正进入产品中的才是真正的变动成本，这包括原材料和采购的零部件。如果需要大量的能源，就像很多化工产品的生产那样，那么能源也是一种变动成本。举例来说，将两吨铝矾土转化成铝需要消耗的电量是处理一吨铝矾土的两倍。另一方面，工厂的照明和取暖都是固定成本（也是沉没成本），它们不随着产出的变化而变化。

初等微积分中一个简单的例子说明了在制定运营决策时为什么应该忽视固定成本。利润等于收入减去成本，成本可以分为固定成本和变动成本。收入一般是关于生产量或者销售量(n)的函数，变动成本也一样。当然，这个等式假定工厂不会生产卖不出去的产品，在约束理论绩效评价方法中将有效产出定义为转移到顾客手中的产成品。在接下来的讨论中，n 被定义为有效产出。边际成本和差量成本的定义如下：

$$\text{生产另一件产品的边际成本} = \left.\frac{d(\text{成本})}{dn}\right]_{n=N} = \text{材料成本}$$

$$\text{销售另一件产品的边际收入} = \left.\frac{d(\text{收入})}{dn}\right]_{n=N} = \text{销售价格}$$

$$\text{生产和销售另一件产品的边际利润} = \left.\frac{d(\text{利润})}{dn}\right]_{n=N} = \left.\frac{d(\text{收入}-\text{成本})}{dn}\right]_{n=N}$$

其中，N 是工厂当前的生产水平。

* 对于能源密集型的产品，能源成本和加班劳动成本算在一起。

收入是关于有效产出的函数 $R(n)$，变动成本 $C(n)$ 也是如此。固定成本 F 包括生产者的资本成本、保险费用、供热成本、照明成本和间接人工成本等。因此，利润 $P = R(n) - C(n) - F$。为了使利润最大化，令其一阶导数等于0，即：

$$\frac{Dp}{dn} = \frac{dR(n)}{dn} - \frac{dC(n)}{dn} - \frac{dF}{dn} = 0 \quad \Rightarrow \quad \frac{dR(n)}{dn} - \frac{dC(n)}{dn} = 0$$

常数（F）的一阶导数为0，这个事实对于初步掌握微积分的学生来说都是显而易见的，但是对于那些执行者来说似乎不那么明显，他们要求生产过多的库存来“吸收固定成本”。

只要单位销售价格和单位变动成本都是固定的，那么 $R(n)$ 和 $C(n)$ 都是关于 n 的线性函数。这意味着利润不能达到最大，工厂的目标应该是尽量多地卖出产品。当然在实际中，随着有效产出的增加，下面两件事情中的一件会发生：

- 可能需要雇用更多地工人或者加班，$C(n)$ 在这种情况下，成为关于 n 的阶梯函数。如果单位原材料成本为 M，加班工资成本为 L，在正常工作时间内可能的最大产出为 K，$C(n) = nM + \max[0,(n-K)L]$。

- 工厂将达到最大产能，不可能有更多的产出。

下面的讨论将说明传统成本会计是如何带来存在严重问题的决策的。如果一件产品的物料清单（bill of materials，BOM）显示，需要 8 美元来购买原材料，生产另一件产品的差量或者边际成本是 8 美元。

现在假设，单位直接人工成本为 4 美元，分摊的制造费用是 8 美元，那么一件制成品的账面价值是 20 美元。这个工厂有多余的生产能力，而顾客会以 12 美元的单价购买零件。这就是为什么成本会计系统会成为“自杀性协定”的原因。公司可能拒绝这个每单位零件损失 8 美元的想法（可能会嘲笑这种亏本销售和向数量妥协的做法）。但事实上，不管工厂是否接受订单，都要支付人工成本和制造费用。每笔交易的边际或者差量利润是 12 美元（销售价格）减去 8 美元的原材料成本，等于 4 美元。在这种情况下，接受一个 1000 单位的订单，与不接受相比，会给公司多带来 4000 美元的利润，这就是制定管理决策的方法。

现在假设这家工厂没有多余的劳动力，完成这些订单需要加班。现在生产每单位的差量成本是 8 美元的原材料成本加上 6 美元（加班费为原工资的 1.5 倍）的人工成本，等于 14 美元。在这种情况下，12 美元的价格不能接受了。

其他形式的制造费用也是沉没成本，亨利·福特明确地解释道：

> 如果领班和管理者只是检查他们各自部门的成本，那

> 么他们就是在浪费时间。有一些成本——如工资率、制造费用、原材料的价格等，他们是无法控制的，于是就不去理会它们[23]。

在线性的单产品流程中很容易找出瓶颈。但是当工厂生产多种产品时，情况就变得复杂多了。接下来的部分将介绍如何利用线性规划来找到瓶颈。

1.4 寻找瓶颈

《目标》一书描述了找出瓶颈的困难之处，阿诺德（Horace Lucien Arnold）和法鲁特（Fay Leone Faroute）也发现了类似的困难：

> 一旦传送带（rollway）就位，台车就被放弃了，地面被清理了，所有工作站的组长不得不采取行动，来纠正操作工具摆放的错误，扫视一下生产线，看一下传送带在什么地方被装满了[24]。

换句话说就是："找出阻碍工厂运转的大量库存，有在制品库存等待处理的地方就是瓶颈。"

在亨利·福特的高地公园（Highland Park）工厂，传动带是在各个工作站之间转移在制品的一种方法。这项工作应该是一个连续的运动，两个工作站之间的传送带上的库存可以准确地显示哪里出现了中断。在图1.3中，操作3被中断了，或者说这个操作是一个瓶颈。相比之下，移向操作2的每件在制品到达时就可以立即被使用。

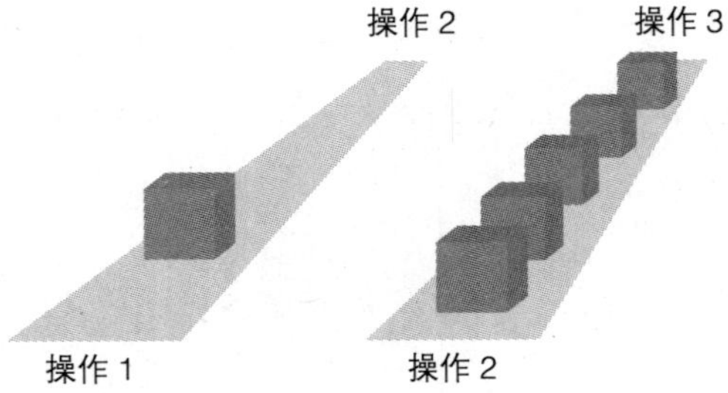

图 1.3 瓶颈（或者中断）的发现

对于如何使瓶颈更加明显这一问题，《目标》一书也有类似的描述：

> “这些就是证明。”他指着旁边一大堆在制品库存说，我们一个小时以前才评估了雷夫和史黛西整理的报告，根据那份报告，这里积压了几个星期的订单[25]。

毫无疑问，寻找在制品的大批积压并不是辨别瓶颈最好的方法。通过分析来辨别瓶颈相当简单：

- 在只生产一种产品的工厂，如果产品的需求是无限的，能力约束资源就是生产能力最小的作业。增加有效产出的唯一方法是提升瓶颈的产能。这可以通过以下方式实现：
  —增加工人和/或者增加设备。
  —通过快速换模具（SMED）的方法来减少不增加价值的准备时间。
  —通过预防性维护来减少不增加价值的停工时间。
- 产品需求有限的工厂，市场就是瓶颈。《目标》一书中提到，为了增加产出，工厂必须为产品寻找更多的顾客。

- 在一个生产多种产品的工厂，瓶颈取决于产品组合。线性规划是可以辨别瓶颈的标准调研工具。线性规划可以同时考虑到市场和能力约束，确定产品组合，以最大化差量成本。

1. 线性规划

一个常见的问题是在满足约束条件的基础上，最大化或者最小化目标函数。这些约束可能包括前面提到的工厂设备的能力，也包括市场约束，甚至包括契约中规定的生产利润较低产品的义务。下面的方程式显示了如何构建一个典型的线性规划问题。

设有 n 种产品和 m 个约束：

$$\text{maximize } Z = \sum_{i=1}^{n} c_i x_i \quad （目标函数）$$

其中，m 个约束中的第 k 个约束为：$\sum_{i=1}^{n} a_{ki} x_i \leq, =, \geq b_k$

- x_i 是 n 种产品中第 i 种的产量。
- c_i 是从 n 种产品中第 i 种获得的边际利润。
- a_{mi} 是生产第 i 种产品需要第 m 种资源的数量。
- b_m 是第 m 种资源的可得性（如设备时间或者市场需求）。

约束一般情况下是“小于等于”。这就是说，生产计划能够使用的时间不能超过机器可用时间，任何产品也不能超过市场容量。但是，当工厂在合同中承诺生产一定数量的产品或者工厂希望这样做来使顾客满意时，也可以采用“大于等于”

的形式。利用线性规划可以获得如下信息：

- 从目标函数中得到最大可能的边际利润。
- 能实现边际利润最大化的产品组合。
- 瓶颈（没有多余能力的资源）和可提供给其他资源的过剩能力。
- 资源增加时的瓶颈的影子价格（shadow price），或者差量收益。

能力约束资源的影子价格是增加约束资源的能力而获得的边际收益。非瓶颈不存在影子价格，因为增加这些资源不会带来更多的收益。例如，在工厂满负荷运转时，要求销售部门为工厂拿到更多的订单是没有用的，因为工厂不能完成这些订单。

线性规划还允许应用敏感性分析的方法，如增加能力或者改变产品组合。提升一个瓶颈的产能可能会产生另一个瓶颈，线性规划可以通过分析寻找这个新的瓶颈。

线性规划问题可以通过单纯形法来解决，我们将在下一部分中讨论这种方法。

2. 单纯形法

线性规划问题必须改写成下面的形式，所有资源约束都应该以“小于等于”的形式表述（“等于”和“大于等于”问题更加复杂）：

$$\text{maximize 利润 } Z = \sum_{i=1}^{n} c_i x_i$$

$$\text{约束条件：} \sum_{i=1}^{n} a_{ij} x_i \le b_j, \quad \text{对于所有资源 } m$$

$$改写为:Z - \sum_{i=1}^{n} c_i x_i = 0$$

$$\sum_{i=1}^{n} a_{ij} x_i + x_k = b_j \quad （一种资源对应一个等式）$$

x_k(其中 $k > n$) 是第 k 个约束或者资源的松弛变量（slack variable)。在线性规划问题中，过剩的资源保留在中间解或者最终解里面。如果这个资源是机器的能力，则相应的松弛变量是指过剩的产能。在定义能力约束资源（CCR）时，这个变量为 0。思考一下表 1.3 中的例子。

表 1.3　产品边际利润和资源要求

产品	A	B	C	
每台机器的边际利润	6 美元	6 美元	4 美元	可用时间(分钟)
钻孔	$a_{11} = 4$	$a_{12} = 8$	$a_{13} = 6$	480
磨光	$a_{21} = 6$	$a_{22} = 4$	$a_{23} = 4$	480
热处理	$a_{31} = 8$	$a_{32} = 6$	$a_{33} = 10$	480

如表 1.3 所示，产品 A 的边际利润是 6 美元，它需要 4 分钟的钻孔、6 分钟的磨光和 8 分钟的热处理。我们的目标是找到一种使得边际利润最大化的产品组合，并找出瓶颈。建立问题的模型如下：

$$Z = 6x_1 + 6x_2 + 4x_3$$

约束条件：

$$4x_1 + 8x_2 + 6x_3 \leqslant 480$$

$$6x_1 + 4x_2 + 4x_3 \leqslant 480$$

$$8x_1 + 6x_2 + 10x_3 \leqslant 480$$

改写为：

$$Z-(6x_1+6x_2+4x_3)=0$$

$$4x_1+8x_2+6x_3+x_4=480$$

$$6x_1+4x_2+4x_3+x_5=480$$

$$8x_1+6x_2+10x_3+x_6=480$$

表 1.4 是这个问题的初始单纯形表（B 表示基变量，RHS 表示方程式右边）。

表 1.4　初始单纯形表

B	Z	x_1	x_2	x_3	x_4	x_5	x_6	RHS
Z	1	-6	-6	-4	0	0	0	0
x_4	0	4	8	6	1	0	0	480
x_5	0	6	4	4	0	1	0	480
x_6	0	8	6	10	0	0	1	480

基变量（basic variable）是值不为零的变量，非基变量是定义为零的变量。初始单纯形表中，最初的生产水平（x_1，x_2，x_3）都为零，这些是非基变量。资源（x_4，x_5，x_6）都是 480，所以它们是基变量。这显然是最坏的情况，没有任何产品（因此没有边际利润），没有任何一种资源被分配。求解算法最终将至少全部利用一种资源，最大化边际利润。

因此，下一步是找到进基变量（entering basic variable），以代替一个现有的基变量。对于目标函数，进基变量有着最大的正面效应（$-dZ/dx$）；这就是说，增加它会使边际利润的增长率最大。在这个例子中，x_1、x_2 两个变量可以任选一个。在个别情况下，这可能会导致求解过程陷入一个无穷的死循环[26]。虽然有一些规则来打破这个死循环，但通常情况下，任意选择一个进基变量是可以接受的。在这个例子中，$-dZ/dx_1=-dZ/dx_2=6$，选取 x_1，那么 x_1 的这一列便成为

“主元列”（pivot column）。

下一步是找出出基变量（leaving basic variable）以及主元行（pivot row）。这是用其右手边（剩余的资源）除以主元列元素所得结果中最小的一个。在这个例子中：

$$x_4: 480 \div 4 = 120$$

$$x_5: 480 \div 6 = 80$$

$$x_6: 480 \div 8 = 60$$

所以，x_6 是出基变量，其所在的行是“主元行”，而 8 即为“主元素”。简单地说，我们所做的是利用算法来找出最快耗尽的资源。最大化产品 A 的生产（在表中用 x_1 表示）将在耗尽其他资源之前先耗尽热处理能力（x_6）。下一步是用主元行除以主元素，如表 1.4a 所示。注意，x_1 代替了 x_6 作为基变量[27]。

表 1.4a　用主元行除以主元素

B	Z	x_1	x_2	x_3	x_4	x_5	x_6	RHS
Z	1	-6	-6	-4	0	0	0	0
x_4	0	4	8	6	1	0	0	480
x_5	0	6	4	4	0	1	0	480
x_1	0	1	3/4	5/4	0	0	1/8	60

然后，利用标准矩阵行变换将主元列的其他元素变为 0，如表 1.4b 所示。在这个例子中，我们将主元行乘以 -6，然后加到它的上一行（松弛变量 x_5 所在的那一行）。然后，对于指示行：

$$Z: 0 - 0 = 0$$

$$x_1: 6 - 6 = 0$$

$$x_6: 4-\frac{9}{2}=-\frac{1}{2}$$

$$x_3: 4-\frac{15}{2}=-\frac{7}{2}$$

$$x_4: 0-0=0$$

$$x_5: 0-0=0$$

$$x_6: 0-\frac{3}{4}=-\frac{3}{4}$$

表 1.4b 显示，生产 60 单位的产品 A（$x_1=60$）会带来 360 美元的边际利润（$Z=360$），并且会用尽所有的热处理能力。钻孔（x_4）有 240 分钟的过剩能力，磨光（x_5）有 120 分钟。但是，这并不是最优解，因为在 Z 行仍然有负数存在。只要 Z 的系数中有负值，就会有正的 dZ/dx 存在，这意味着增加 x 就可以增加边际利润。直到所有 Z 的系数都变为正值或者零时，迭代才停止。因为只有 x_2 的系数是负的，所以 x_2 成为进基变量。在实际中，这意味着少生产一些产品 A 而多生产一些产品 B 可以使盈利增加。现在，我们通过用右手边（多余的资源）除以主元列的系数，来找出主元行。

表 1.4b 利用标准矩阵行变换将主元列的其他元素变为零

B	Z	x_1	x_2	x_3	x_4	x_5	x_6	RHS
Z	1	0	−3/2	7/2	0	0	3/4	360
x_4	0	0	5	1	1	0	−1/2	240
x_5	0	0	−1/2	−7/2	0	1	−3/4	120
x_1	0	1	3/4	5/4	0	0	1/8	60

$$x_4: 240 \div 5 = 48$$

x_5: $120 \div (-0.5)$ 不符合要求，只考虑正的数字

$$x_1: 60 \div 3/4 = 80$$

所以，x_4 将成为出基变量。换句话说，新的解会用尽钻孔的能力。表 1.4c 表示将主元行除以 5，以令主元素等于 1。分数也化成了小数。

表 1.4c 二次迭代

B	Z	x_1	x_2	x_3	x_4	x_5	x_6	RHS
Z	1	0	-1.5	3.5	0	0	0.75	360
x_2	0	0	1	0.2	0.2	0	-0.1	48
x_5	0	0	-0.5	-3.5	0	-1	-0.75	120
x_1	0	1	0.75	1.25	0	0	0.125	60

在表 4.1d 中，主元列的其他元素像前面一样被化为了 0。

表 1.4d 二次迭代（续）

B	Z	x_1	x_2	x_3	x_4	x_5	x_6	RHS
Z	1	0	0	3.8	0.3	0	0.60	432
x_2	0	0	1	0.2	0.2	0	-0.1	48
x_5	0	0	0	-3.4	0.1	1	-0.80	144
x_1	0	1	0	1.10	-0.15	0	0.20	24

这是最优解，因为 Z 行不包含任何负数。另外要注意三个松弛变量在 Z 行的系数：x_4（钻孔）、x_5（磨光）、x_6（热处理）分别是 0.3、0、0.6。在实际的应用中：

- 最大的边际利润（432 美元）是从生产 24 单位的产品 A（x_1）和 48 单位的产品 B（x_2）得到的。
- 磨光工作站（x_5）有 144 分钟的多余时间。
- 钻孔（x_4）和热处理（x_6）没有剩余时间，因此它们是能力约束资源。注意，x_4 和 x_6 都是非基变量，因为在迭代结束时，它们都没有在 B 这一栏中。x_3 也是这样，这表明最优解决中不涉及生产 C 产品。

- 0.3、0、0.6 分别是 x_4（钻孔）、x_5（磨光）、x_6（热处理）的影子价格。影子价格是指增加一单位资源得到的边际利润或者增加的利润。

在这个例子中，为钻孔增加 1 分钟的产能可以获得 30 美分的边际利润，热处理增加 1 分钟的产能可以获得 60 美分。因为磨光工作站已经有多余的产能，增加更多的产能没有任何收益。

我们必须认真地运用影子价格。在实际中，钻孔增加 1 分钟的产能不会有任何作用，因为少于 4 分钟无法完成对一个零件的钻孔任务。此外，热处理也没有多余的产能。例如，假设武断地给钻孔增加 8 分钟产能。最优解的边际利润是 434.40 美元，这确实比 432 美元多了 2.4 美元（8 ×0.30），问题是要制造 22.8 单位的产品 A 和 49.6 单位的产品 B。当然不可能制造不完整的产品，但可以制造 23 单位的产品 A 和 49 单位的产品 B，这样总的边际利润是 432 美元。因此，只提升钻孔瓶颈的产能实际上没有任何作用。

但是，假设热处理也增加 6 分钟产能，那么最优解是制造 24 单位的产品 A 和 49 单位的产品 B，这时边际利润是 438 美元——增加了 6 美元。实际上，这与从影子价格中得到的结果一致：8 ×0.30（钻孔）+6 ×0.60（热处理）=6 美元。因此，影子价格在理论上表明是最应该改善的瓶颈，但是必须通过敏感性分析来衡量解决方案是否可行。图 1.4 显示了利用海泽（Jay Heizer）和兰德（Barry Render）[27] 的 AB：POM（生产与运营管理）软件求解的结果。

	x_1	x_2	x_3		RHS		
maximize	6	6	4				
const 1	4	8	6	≤	480.00		
const 2	6	4	4	≤	480.00		
const 3	8	6	10	≤	480.00		
	x_1	x_2	x_3	**slk 1**	**slk2**	**slk3**	**RHS**
maximize	-6.00	-6.00	-4.00	0.00	0.00	0.00	0.00
slk 1	4.00	8.00	6.00	1.00	0.00	0.00	480.00
slk 2	6.00	4.00	4.00	0.00	1.00	0.00	480.00
slk 3	8.00	6.00	10.00	0.00	0.00	1.00	480.00
Iteration 1	x_1	x_2	x_3	**slk 1**	**slk2**	**slk3**	**RHS**
maximize	0.00	-1.50	3.50	0.00	0.00	0.75	360.00
slk 1	0.00	5.00	1.00	1.00	0.00	-0.50	240.00
slk 2	0.00	-0.50	4.00	-350	0.00	1.00	120.00
x1	1.00	0.75	1.25	0.00	0.00	0.125	60.00
Iteration 2	x_1	x_2	x_3	**slk 1**	**slk2**	**slk3**	**RHS**
maximize	0.00	0.00	3.80	0.30	0.00	0.60	432.00
x2	0.00	1.00	0.20	0.20	1.00	-0.10	48.00
slk 2	0.00	0.00	-3.40	0.10	1.00	-0.80	144.00
x1	1.00	0.00	1.10	-0.15	0.00	0.20	24.00
Final	x_1	x_2	x_3		**RHS**	**Shadow**	
maximize	6	6	4				
const 1	4	8	6	≤	480.00	0.30	
const 2	6	4	4	≤	480.00	0.00	
const 3	8	6	10	≤	480.00	0.60	
Values→	**24.00**	**48.00**	**0.00**		**$432.00**		

图 1.4　AB：POM 的解

- “slk” 表示 “松弛变量”。
- slk1、slk2、slk3 分别指钻孔、磨光和热处理。
- 影子价格在最下面的表中列出。

这个软件的最终报告给出了最优解和最大化的目标函数，同时也列出了影子价格。

由于 Microsoft Excel 的广泛应用，附录中介绍了如何利用 Excel 的 Solver 这一工具求解线性规划问题。

3. 市场瓶颈

线性规划怎样解决市场作为瓶颈的问题呢？在前一个例子中，假设产品 C 的需求是无限的，但是顾客只会购买 16 单位产品 A 和 32 单位产品 B。问题建模如下：

$$\text{Maximize } Z = 6x_1 + 6x_2 + 4x_3,$$

约束条件：

$$4x_1 + 8x_2 + 6x_3 \leqslant 480$$
$$6x_1 + 4x_2 + 4x_3 \leqslant 480$$
$$8x_1 + 6x_2 + 10x_3 \leqslant 480$$
$$x_1 \leqslant 16$$
$$x_2 \leqslant 32$$

图 1.5 显示了 AB：POM 的解。最优解是生产 16 单位产品 A、32 单位产品 B 和 16 单位产品 C，边际利润是 352 美元。影子价格显示热处理以及产品 A 和产品 B 的市场需求都是瓶颈，最大的收益来自于得到更多产品 B 的订单（3.60 美元）。

问题描述						
	A	B	C		RHS	
最大化	6	6	4			
钻孔	4	8	6	≤	480.00	
磨光	6	4	4	≤	480.00	
热处理	8	6	10	≤	480.00	
市场	0	1	0	≤	16.00	
市场	0	1	0	≤	32.00	
解						
	A	**B**	**C**		**RHS**	**Shadow**
最大化	6	6	4			
钻孔	4	8	6	≤	480.00	0.00
磨光	6	4	4	≤	480.00	0.00
热处理	8	6	10	≤	480.00	0.40
市场	0	1	0	≤	16.00	2.80
市场	0	1	0	≤	32.00	3.60
值→	**16.00**	**32.00**	**16.00**		**$352.00**	

图1.5 包含市场约束的线性规划

线性规划简化了对假设条件的探索，如降低价格以获得更多订单。《目标》一书描述了这样一种情景：一个国外顾客要买一种生产能力过剩的产品，但要求比较大的折扣。考虑前面的例子，假设另一个顾客要买走20个产品B，但需要1美元的折扣，这样边际利润就降低为5美元。图1.6将打折后的产品B作为单独的一种产品（B1），产品B1的生产有着相同的资源要求，市场约束是20单位。为了使得出的解符合实际，我们对产品数量的小数部分四舍五入，按打折后的价格进行交易还会增加边际利润。

问题描述							
	A	B	B1	C		RHS	
最大化	6	6	5	4			
钻孔	4	8	8	6	≤	480.00	
磨光	6	4	4	4	≤	480.00	
热处理	8	6	6	10	≤	480.00	
市场 A	0	1	0	0	≤	16.00	
市场 B	0	1	0	0	≤	32.00	
市场 B1	0	0	1	0	≤	20.00	
解							
	A	**B**	**B1**	**C**		**RHS**	**Shadow**
最大化	6	6	5	4			
钻孔	4	8	8	6	≤	480.00	0.590909
磨光	6	4	4	4	≤	480.00	0.00
热处理	8	6	6	10	≤	480.00	0.04545
市场 A	0	1	0	0	≤	16.00	3.27273
市场 B	0	1	0	0	≤	32.00	1.00
值→	**16.00**	**32.00**	**14.545**	**7.2727**		**$389.8182**	

图 1.6 价格让步的假设分析

4. 合同要求和加班

线性规划还可以为这样的情况建模：为了实现合同条款或者满足某一个顾客，工厂必须生产一定数量的低利润产品。例如，假设公司必须供应 40 单位的产品 3。在这种情况下，要在已有的约束中添加约束条件 $x_3 \geq 40$。

单纯形表处理这种等于或者大于等于的约束时，要给那些没有达到要求的解分配一个无穷大的惩罚价值［penalty value，有时被称为“大 M”（Big M）］。

霍普和斯皮尔曼介绍了在求解过程中如何考虑加班问

题[28]。回忆一下，正常的人工成本一般是一种固定成本，即使工人是按小时计酬时也是如此，在这种情况下加班是一种边际成本，它会抵消一部分因制造更多产品而获得的边际利润。

小结：约束理论

本章介绍了约束理论，该理论假定任何制造工序都不可能比它的瓶颈或者能力约束资源工作得更快。在瓶颈上失去的时间就永远地失去了，机会成本这一概念反映出了这个事实。

约束理论只认可三个绩效评价指标：有效产出（卖给顾客的产成品）、库存和运营费用。本书建议将周转时间也作为一种衡量指标。运营决策要根据边际成本或者差量成本、收入和利润来制定，而不是根据会计成本制定。第2章将讲解产品控制问题。

本章中的关键术语

能力约束资源（CCR）：产能限制了系统运行效率的资源，也叫“瓶颈”。

瓶颈：同“能力约束资源”。

差量（**成本，利润，收入**）：多生产1单位产品带来的现金的增加。“差量成本”通常只是原材料成本，除非需要付给工人加班费。如果原材料转化过程中涉及大量的能源成本，如化工行业的情况，那么能源也是一种差量成本。“差量收入”是多制造或者销售1单位产品增加的现金。它通常等于销售价格。“差量利润”是多制造或者销售1单位产品现金的增加，它等于差量收入减去差量成本。在最简单的例子中，它等于销售价格减去原材料成本。

库存：约束理论中的一个关键评价指标。库存是指公司在希望卖出的产品上的投资。尽管传统的成本会计把它作为一种资产，但实际上它代表着被冻结的资金。库存越少越好。

边际（成本，利润，收入）：同“差量（成本，利润，收入）”。

运营费用：约束理论中的一个关键评价指标。运营费用包括为了创造产出而花费的资金，越少越好。

机会成本：放弃一种机会（如多卖出一件产品）的成本。它不是指失去或者花费的资金（账面中所反映的），而是利用这个机会公司可以赚到的钱。因此，机会成本在成本会计系统中是不可见的。

沉没成本：公司已经花费的资金。沉没成本应该与当前决策的制定无关。

有效产出：约束理论中的一个关键评价指标。有效产出是指卖给顾客的产成品（而不是那些放在仓库里希望能找到顾客的产成品）。有效产出越多越好。

注：

[1] Aleksandr V. Suvrov (from Menning, “Train Hard, Fight Easy”),

[2] Franklin, *The Way to Wealth*, p. 12.

[3] Franklin, *Poor Richards Almanac*, p. 10.

[4] Ford, *Today and Tomorrow*, p. 114.

[5] Seo, *Managerial Economics*, pp. 362 – 363.

[6] Rigg, *Engineering Economics*, p. 500.

[7] Ohno, *Toyota Production System*, p. ix.

[8] Levinson and Rerick, Lean enterprise, p. 112.

[9] Harrington, "Look Good on paper."

[10] Robinson, *Modern Approaches to Manufacturing Improvement*, p. 49.

[11] Standard and Davis, *Running Today's Factory*, pp. 226 – 227.

[12] Franklin, *The Way to Wealth*, pp. 20 – 21.

[13] Ford, *My Life and Works*, pp. 144 – 145.

[14] Ford, *Today and Tomorrow*, pp. 118 – 119.

[15] Hopp and Spearman, *Factory Physics*. Pp. 342 – 343.

[16] Voiland, "A Nice Problem to Have," pp. 29 – 31.

[17] Ohno, *Toyota Production System*, p. 59.

[18] Anthony and Reece, *Accounting*, p. 712.

[19] Ford, *Moving Forward*, p. 25.

[20] Ohno, *Toyota Production System*, p. 64.

[21] Rigg, *Engineering Economics*, p. 62.

[22] Sheckley, *The Laxian Key*, p. 0.

[23] Ford, *My Life and Works*, p. 98.

[24] Aronold and Faurote, "Ford Methods and the Ford Shops," pp. 279 – 280.

[25] Goldratt and Cox, *The Goal*, p. 144.

[26] Hillier and Lieberman, *Introduction to Operation Research*, p. 0.

[27] Heizer and Render, *Production and Operations Management*, p. 0.

[28] Hopp and Spearman, *Factory Physics*, Chapter 16.

2

第 2 章

生产控制：拉式生产与蛇吞猪

约束理论提倡的拉式生产系统被称为“鼓—缓冲器—绳子”（drum-buffer-rope，DBR）系统。其他拉式系统如“看板”（字面意思就是需要更多零件的卡片）也可以应用。理解它们与推式系统相比所具有内在优势是非常重要的。

推式系统将更多的工作推入生产系统中，而没有考虑现有的能力，如图 2.1 所示。一条大蛇，如蚺蛇或者蟒，可以吞下一头猪，然后睡两个月，来消化这个食物。这导致了相当多的

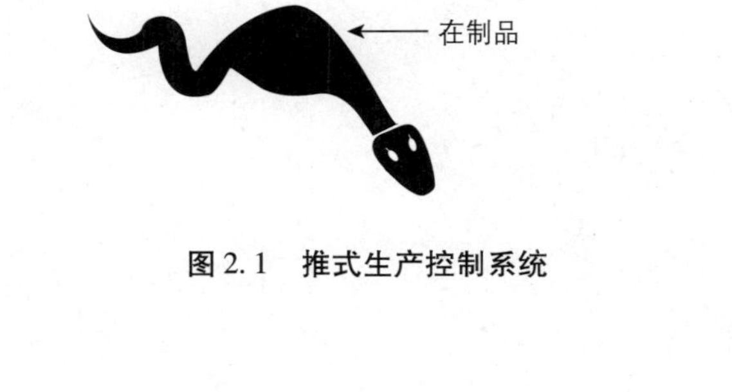

图 2.1　推式生产控制系统

库存，尽管蛇的消化系统最终会消化它，但是，其他多数动物（包括人）都不是这样的，制造过程也不是。

蛇吞猪的方式最好留给那些可以应付它的系统（像蚺蛇），但是很多工厂还是建立了更多的仓库，来应对更多的库存。正如斯坦德和戴维斯所描述的那样：“奇怪的是，很多工厂更愿意‘将蟒蛇变得更粗大’，以吞咽更大的肥猪。”[1]

如图2.2所示，当猪占据了蟒蛇的胃时，它就不能再吃任何东西了。类似地，“蛇吞猪”降低了工厂对于新订单的反应能力。

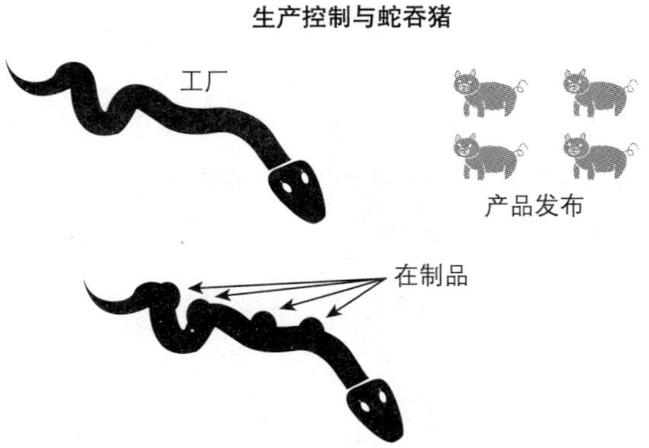

图2.2 推式系统对于响应性的影响

图2.2也介绍了单件产品流的概念。如果吞下四只小猪——而不是一次吞下一只肥猪，这个系统会运作得更好。本章后面将会介绍接近于单件产品流并尽可能避免批量生产的理想生产系统。下一节将介绍准时生产制（JIT）的概念，这是一种拉式生产系统。

2.1 准时生产制

JIT最早源自20世纪10年代的福特公司，还有可能更早。亨利·福特描述道：

我们在购买原材料时发现，除了立即需要的以外，购买别的原材料是不值得的。我们只购买满足生产计划的数量，并考虑到当时的运输问题。如果运输是完美的，所有原材料都能得到保证，那么将不需要持有任何库存。原材料会以计划的数量按照时间表准时通过铁路送到，投入生产。这将会节省一大笔资金，因为如果做到这一点，库存周转率将会加快，从而减少材料所冻结的资金。在恶劣的运输条件下，工厂不得不持有更多的库存[2]。

上面的陈述介绍了理想的JIT生产系统中的关键方面：

- 只有需要的时候，才采购原材料。
- 物料的配送是与生产同步的，理想情况下，从接收码头直接运送到使用地点（实际上，为了最小化工厂内的运输，接收码头与使用地点的距离应该尽可能短）。
- 库存会冻结资金，因此应该使其最小化。
- 配送能力是否达到JIT的标准，取决于货运管理系统（freight management system，FMS）的可靠性。如果货运系统像时钟机构一样工作——福特就将他的FMS设计为这样的——为防止工厂断货停工而持有缓冲库存就没有必要了。这与物料移动时间的变化直接相关。

福特的生产系统没有利用看板或者类似的生产控制系统；它将工厂设计得像钟表一样工作，这将在下一部分中介绍。

1. 同步生产和节拍时间

认真计算工作的速度，这样装配线才不会运转得太快或者太慢。组装底盘的流水线每分钟移动 6 英尺。将前轮轴固定到底盘上的流水线移动速度更快一些，为每分钟 15 英尺。这就像调整钟表的机械装置。亨利 · 福特创造了一个巨大的时钟[3]。

> 福特的装配线不是单独的一条装配线，而是一系列的生产线。想象福特生产系统的另一种方法是思考一种分为不同层次的物料清单（BOM），其中，每个零部件的生产率（production rate）都与其在下游产品中所占的比例相适应。一条生产线制造底盘，另一条制造发动机，所有的生产线都具有一致的生产率，这样就很少有过剩或者不足的情况。这一系统确实应该像时钟一样工作，这就提出了节拍时间（takt time）的概念，即按照顾客需求的速度进行生产。

$$\text{节拍时间}=\frac{\text{工作时间}}{\text{需求数量}}=\frac{\text{时间}}{\text{数量}}$$

福特认为，他的工厂确实运用了节拍时间的概念：

> 要通过认真的试验来确定在制品移动的速度。在飞轮式磁电机（flywheel magneto）的生产中，我们最初的速度为每分钟 60 英寸。这太快了。接着，我们试验了每分钟 18 英寸的速度。但这太慢了。最后，我们设定了每分钟 44 英寸的速度。我们认为，工人在工作时不能太匆忙——工作中必须做到有条不紊，合理安排每一秒钟，绝不浪费任何时间[4]。

尽管高度复杂的物料清单增加了生产计划的难度，但它们并没有使得问题无法克服。海斯（Robert H. Hayes）、维尔怀特（Steven C. Wheelwright）和克拉克（Kim B. Clark）描述了Convair公司怎样应对B-24“解放者”轰炸机的生产：“生产控制部门开发出一套系统，该系统能够控制超过50万个零部件、子系统的到达时间，以及总装系统——这一切都是在没有电脑的情况下实现的。”[5]实际上，福特的生产系统很可能扮演了主要的角色。福特公司的生产主管索伦森（Charles Sorensen）设计了Willow Run轰炸机工厂，在这个工厂，每小时可以生产一架“解放者”轰炸机：

> 将福特V-8型汽车和四引擎的“解放者”轰炸机放在一起进行比较，就好像拿一个车库和一座摩天大楼进行比较，尽管它们有着天壤之别，但是我知道二者都是大批量生产，这与电动打蛋器或者手表的生产没什么两样。第一，将飞机的设计分成必要的单元，然后为每个单元制定一个单独的生产计划。第二，必要时可以建立尽可能多的单元，然后以适当的顺序将各个单元递送到装配线，以生产一个完整的单元——一架完整的飞机[6]。

节拍（rhythmic timing）的概念实际上在很久以前就提出来了。希腊的步兵方阵之所以无坚不摧，就是因为古希腊的重装备步兵行军步调一致，这是通过像笛子和鼓之类的乐器来协调的。如果最快的士兵走到最慢的士兵前面，这个步兵方阵将不会正常出击，士兵们将失去重叠在一起的盾牌的保护，同时失去所有人同时打击敌人的优势（在本章后面，我们将介绍绳子—缓冲器—鼓生产控制系统是怎样运用这一个概念的，同时，它还可以用于节奏均匀的装配线的设计，这种装配线必须像机械钟表中的齿轮一样协同工作）。

火药被引入之后，群射战术要求每一个士兵必须以同样的速率上子弹和开枪。史特宾（Baron von Steuben）在《美国关于命令的规章和军队的纪律》中要求士兵在进行装填弹药的训练时，要以秒为单位来计算规定动作之间的间隔，以保证每个人都能达到同样的速度。同样，水手们利用号子来为拉缆绳等集体行动提供节奏。“在很多情况下，领唱号子的人（shan-tyman）会坐在绞盘的中间演奏乐器（一般是小提琴似的乐器），而水手们根据他的音乐和号子声协同工作。”[7] 小达纳（Richard Henry Dana，Jr.）在其《两年水手生涯》（*Two Years Before the Mast*）一书中这样描述道：

> 在起锚和落锚时，水手们会喊一种特殊的号子，在每一段号子结束时，人们会一齐高喊。低音部分通常由一个人喊，而在大家一起喊的时候，所有人都会加入进来——声音越大越好。喊号子的声音几乎要把船甲板掀掉，一直传到很远的海岸边。号子之于水手就像是军鼓和短笛之于士兵一样。没有号子，他们就无法同时用力进行拖拽。通常，当物体很重的时候，伴随着一个人大声叫喊“唷嗬”，所有人都会一齐用力。在航行过程中，人们经常会发现，不同的号子具有不同的效果。

梅尔维尔（Herman Melville）在《莱德伯恩：他的第一次航行》（*Redburn*：*His First Voyage*）一书中补充道：

> 但很快我就习惯了这种号子，没有号子，水手们是永远不会去碰绳子的。有时候，在没有人喊号子的时候，不管是拖拽什么东西，都不会太顺利，大副总是会说：“伙计们，你们就不能喊点儿什么吗？现在就喊，拼命喊。”然后，有人就会开始喊号子，人们开始一起用力，这种令

人振奋的号子值得人们花力气去喊。对于水手来说，知道如何喊号子是非常重要的，因为如果号子喊得好，他就会得到船长的赞赏，并受到同船水手们的欢迎。有些船长在招聘水手时，总要问他们是否会喊号子。

音乐还可以用来协调非常复杂的活动，像芭蕾舞，不同的舞蹈者表演不同的舞步，但这些舞步要同时发生。另一个例子是军乐队，他们在足球比赛的中场休息时进行复杂的队列表演。这说明，设计一系列的生产流程是很有可能的，尤其是当自动化设备在制造和运输时间上消除了由人工引起的波动时。

福特公司的生产系统被设计得十分精确，很少会出现短缺或者过剩，即使当工厂正在以接近 100% 的产能运转时也不例外，这使我们有必要对福特公司所采用的技术进行更加深入的研究。但是，这不是一个真正的拉式系统，因为下游的操作不能控制上游操作的节奏。

2. 看板系统

看板（kanban）的意思是“指令卡”，看板系统利用可视化控制，如卡片或者空的容器，来作为给上游的一个信号：需要生产更多的零部件。当不同的工作区都在彼此的可视范围内时，就可以利用配送指针和看板区域（如图 2.3 所示）。

实际上，在 20 世纪初，美国就采用了这样的系统。下面所描述的系统实际上结合了看板系统和可视化控制这两种方法，如用来显示生产设备状态的安灯（andon）系统。

一张红色的信号卡被放置在计划部门搁架顶层的格子里，每一张红色信号卡都对应着一台闲置的机器……如果

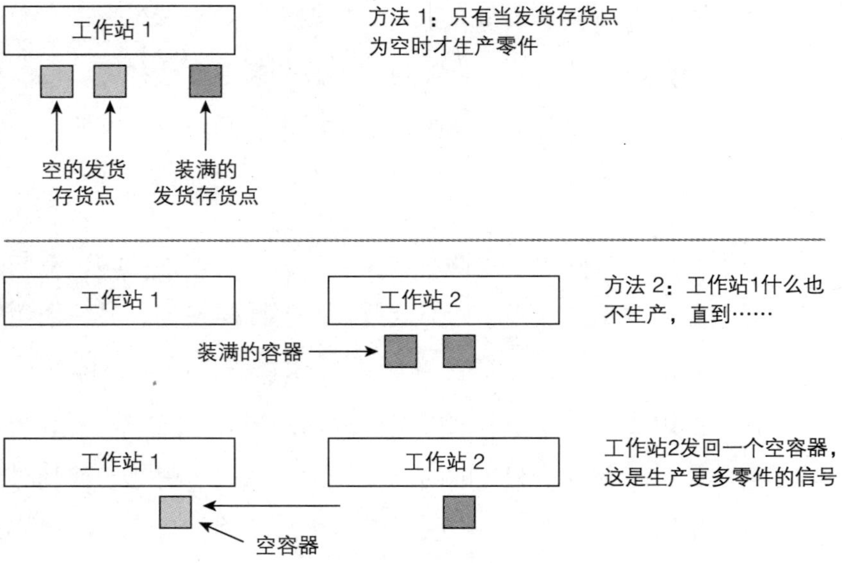

图 2.3 看板型生产控制的例子

没有为这台机器分配工作，那么通过最上层或中间“下一项工作通知单表格”的缺失，搁架的状态就能反映出这种情况。对应某台机器的格子里有红色信号卡，在中间的格子里有工作通知单，但在顶层的格子里没有信号卡，说明这台机器没有人操作，且没有为它设定工作。如果在顶层的红色信号卡之后有一份工作通知单，就表明相应的设备没有操作员，工作通知单上注明的工作没有在机器上进行处理。如果上述任何一张红色信号卡显示一个大大的字母 R，则表明相应的设备正在维修，无法进行操作。没有红色信号卡表明机器正在运转[8]。

因此，可视化控制系统能够显示下列情况：

- 设备由于缺少工作而闲置。
- 设备由于缺少操作者而闲置。

- 设备由于维修而停工。
- 设备正在执行一项工作。

如果这台机器是能力约束资源，那么上面列表中的前两种情况都不允许发生。

图2.4[9]展示了一种与看板系统有同样效果的可视化控制方法。因为每台机器只有三个口袋，并且其中一个放有说明机器当前工作的指示卡，显然，队列中不可能有两个以上的工作。实际上，这与一台机器有两块看板区域的效果是一样的；如果这两个看板区域都被等待的工作占用，就不能再添加另一项工作了。

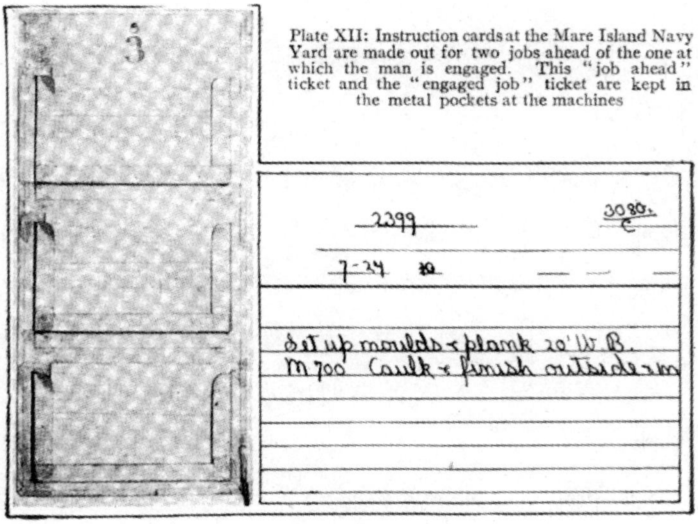

图2.4 20世纪早期马尔岛海军船厂的看板类似系统

另一个工厂设计出了一个系统，这个系统对看板区域（在新工作放入之前必须空出来）进行了改进。如果一个工人估计某一工具要为队列中的下一项工作做好准备，他（她）就发出一个听觉信号将需要处理的工件从恰当的地方“拉”

过来，保证这个工件可以准时到达——可能提前几秒钟或者几分钟，以避免中断。

> 一个锻工车间聪明地为计件工人解决了这样一个问题：保证工人能够及时接到工件，而不会损失时间。在车间的各个剪切机都设置一个按钮，这个按钮连接部门办公室的一个指示器。剪切工完成一项工作前几分钟会按一下按钮，来告诉仓库管理员，12 号剪切机（举个例子）很快就可以准备好开始下一个工作。随后，管理员按一下另一个按钮，通知负责钢铁原料的工人，并把订单传给他，由他将材料运到 12 号剪切工那里，以保证工人始终处于工作状态，防止浪费用于剪料的时间[10]。

如果这种拉式生产可以通过蜂鸣器来实现，那么我们很容易想象用现代的电脑和成熟的看板生产系统能够实现什么。但是，认识到下面这一点非常重要：所有的看板生产系统（不论简单的还是复杂的）都有一个共同的特点——离开了看板（或者空容器、空交货点或类似的信号），就不能生产任何产品。因此，工厂的库存就受到了看板数目的限制。如果没有空容器、空看板区域或者类似的零件请求，将不会生产任何零件。

福特生产系统经常会加快生产线的速度，以便发现问题。如果工人跟不上加快了的速度，就会揭示出一个隐藏的问题，在纠正这一问题后，加快生产速度就不会带来问题。日本人经常出于同样的目的从生产线上移走看板卡、容器（这是保护性库存）或者工人。这样做是为了了解在拥有更少库存或者更少工人的情况下，工厂是否能够正常运转；如果不能，就要找出潜在的、可以改进的项目。另一种方法是将工厂想象成一条小溪，水的深度就是保护性库存，而水中的石头就是变化的来源。水深（安全库存）的减少使得石头显现出来，进而移走它们。

霍普和斯皮尔曼为在能力约束工厂中使用看板系统提供了一种警告[11]。前面已经指出，瓶颈上失去的时间将永远地失去，因此，能力约束资源必须尽可能地保持忙碌。但是，假设瓶颈之后的工作区由于某种原因落后了（尽管它名义上拥有更大的产能），并且停止向瓶颈发出看板卡或者空容器。而看板生产控制系统的规则是只根据看板的要求生产零件，所以能力约束资源不再进行生产，瓶颈被阻塞了。这意味着当存在约束时，“鼓—缓冲器—绳子”这个生产控制系统优于看板。“鼓—缓冲器—绳子”将瓶颈（即能力约束资源）与生产的开始点连在了一起。

2.2 鼓—缓冲器—绳子

本章的上一节介绍了鼓是怎样使复杂的行动（如行军）同步的。较快的人（或者活动）要与较慢的人保持步调一致。“鼓—缓冲器—绳子”生产控制系统有以下基本特点，如图2.5所示。

- CCR击鼓，为整个生产设定节奏。
- 信息绳将CCR与生产的开始点连在一起。
- 在瓶颈环节（或者之前）设置库存缓冲，以避免它受到上游中断的影响。

库存缓冲的目的当然是保护CCR，避免它受到不可预见

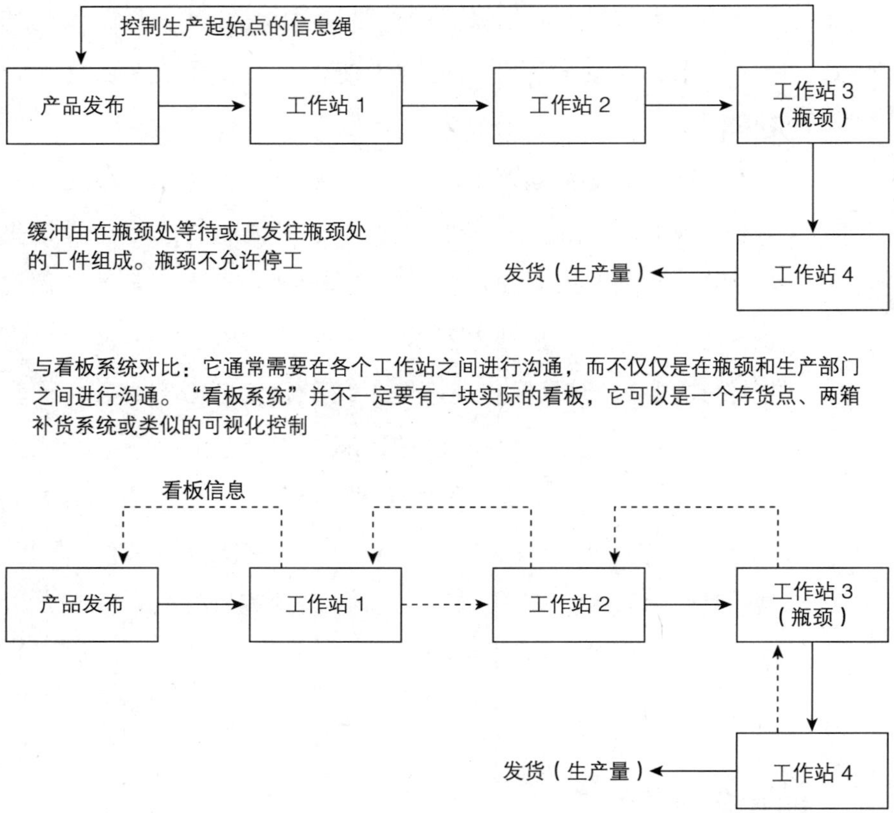

图 2.5　鼓—缓冲器—绳子生产控制系统

和不能控制的上游生产率波动的影响。更大的波动意味着需要更大的库存缓冲。“减少波动”这一章介绍了如何减少波动，从而减少 DBR 系统中需要的缓冲。

1. 缓冲管理

库存缓冲是必要的“罪恶”，因为 CCR 的中断比持有库存更糟糕。如果工厂可以依赖稳定的产品流，使得瓶颈能够不中断地工作，那么维持缓冲就没有必要了。这将我们带回到波动的概念，波动可以引起 CCR 时忙时闲的情况。减少缓冲的唯一方法是减少波动，因为波动使得有必要维持缓冲。实际上，韦恩·史密斯（Wayne Smith）提出的“产品轮”（product wheel）安全库存方程式进一步解释了这一点[12]：

$$\text{安全库存} = Z\sqrt{\sigma_D^2 R^2 + \sigma_R^2 D^2}$$

其中，

- R = 补货时间
- D = 销售需求率
- σ_R = 补货时间的标准差
- σ_D = 销售率的标准差
- Z = 服务水平系数或者风险系数（服从正态分布条件下，做到准时的概率，如 95% 的情况下是 1.645）

史密斯还指出，这个式子适用于单产品看板或者复合产品看板。从中我们可以看出，更短的补货时间和更小的补货时间波动减少了必要的安全库存。

图 2.6 显示了反映高德拉特方法中典型的缓冲管理计划，其中将缓冲分为三个区：良好、观察计划、行动。行动区域代表最接近瓶颈的工件，任何一个工件的丢失都可能使得瓶颈停止工作，除非用观察计划区域和/或良好区域的工件来弥补这个不足。

实际上，缓冲管理可以被看成是项目管理，关键路径上的任何延迟［通过关键路径方法（critical path method，CPM）来识别］都会阻碍项目的完成。高德拉特将 DBR 以关键链的形式运用到项目管理中。

总之，DBR 和看板一样，都是拉式系统。但它的生产控制系统有别于看板，因为它通过拉动生产的开始点来补充缓

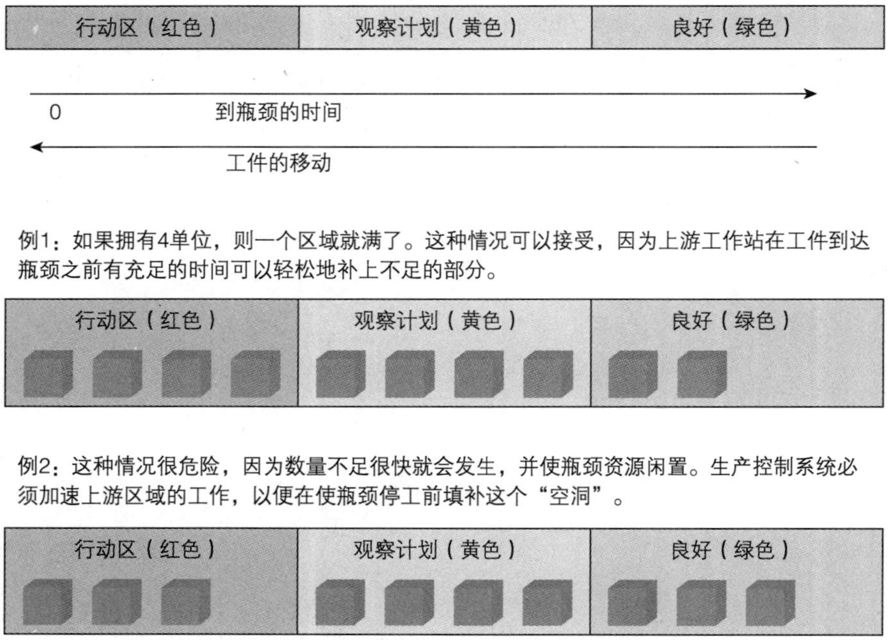

图 2.6 缓冲管理

冲，而不是用一个生产区来拉动另外一个生产区。换句话说，看板以及相关的系统直接从上游拉动生产，来填满空容器、看板区或者存货点。DBR 通过将工件拉入生产线来补充缓冲空间。看板系统需要所有相邻操作之间的交流（通常以简单可见的方式控制），而 DBR 的优势在于只有一条信息“绳”来连接 CCR 和生产的开始。

2. 简化的市场拉动

当市场需求是能力约束资源时，简化的市场拉动（simplified market pull，SMP）可以用来控制车间的生产。大卫·特比德（Dave Turbide）对 SMP 评论道：“……应用起来既简单成本又低，使正常商业流程的波动达到最低，并且很快就能看到显著效果。已采用这种方法的工厂将在制品库存减少到一半，交付期也缩短了 50% 甚至更多，准时完成率达到了 98% 以上，所有这些是在 SMP 开始后的几周内发生的。"[13]

SMP 的关键特点是：（1）安排订单生产的方法；（2）作业流系统（workflow system）。订单必须尽早安排到车间，以满足顾客的需求，但也不能太早了，以免增加在制品库存。生产线的节奏由市场来设定，而不是由车间来设定，这是 DBR 系统的一个基本原则。

同时，作业流系统会为订单排序。按订单生产的生产方式要根据距离交付期的时间和完成订单需要的时间来计算每个订单的优先级。特比德的观点与关键比率优先规则（critical ratio prioritization rule）类似（关键比率 = 距离交付期的时间 ÷ 工作还需要的时间。只要它大于 1，那么这一工作就还能及时完成。如果小于 1 了，说明这一工作已经延误了）。对于补货的产品，优先级取决于实际库存水平与顾客期望的库存水平之间的比率。

SMP 适用于任何一个有过剩生产能力的工厂。特比德指出，很多工厂只利用了 75% ~80% 的产能，它们通常有很多不必要的在制品，因为为了保证及时完成订单，生产控制系统提前开始了生产（从精益生产的角度来看，"太早"通常和"太晚"一样会产生负面的影响）。更多的在制品意味着更长的周转时间，并且导致了一种循环：工作开始得必须越来越早，以保证可以及时地完成。

SMP 实际上提供了一种通过缩短交付期来提升（市场）瓶颈的机制。如果顾客要求及时配送，公司可以准时完成订单——但也不是太早——与竞争对手相比，这是一个优势。因此，更短的交付期变成一种销售工具。

3. 定量在制品

霍普和斯皮尔曼[14]描述了一种 CONWIP（constant WIP，即定量在制品）拉式生产控制系统，它类似于鼓—缓冲器—绳子系统。在 DBR 系统中，只有一条信息流，并且不像看板那样，将所有工作站按顺序连接起来。而在 CONWIP 系统中，生产的开始点不是和一个瓶颈相连，而是与产成品库存的售出联系起来。

CONWIP 可以模仿看板，利用卡片来启动生产，但是这些卡片不是专门为零件设计的。它们告诉工厂的是什么时候让工件进入生产线，而不是让什么进入生产线。根据积压的订单来确定具体零件开始生产的顺序。

当瓶颈是市场而不是工厂的运营时，CONWIP 看起来也连接了简化的市场拉动（simplified market pull）。如果瓶颈在工厂中，那么就需要保持工厂忙碌，因为在那里失去的时间就永远失去了。因此，能力约束资源应该设定生产开始时的节奏。但是，如果工厂有过剩的产能，那么通过将生产的开始与产成品库存的消耗连在一起（最好是跟具体顾客订单连在一起），从而让市场来设定生产的节奏是有意义的。

无论利用哪种拉式生产系统，生产工程中的波动限制了系统的生产能力，同时也创造了对保护性库存缓冲的需求。这与霍普和斯皮尔曼关于统计产出控制的讨论是分不开的[15]。

4. 统计产出控制

统计过程控制（statistical process control，SPC）利用控制

图来检测制造过程平均值或者标准差的变化。与之类似，统计产出控制（statistical throughput control，STC）是用来检测即将发生的缺货，以便对超时订单进行管理或者采取其他修正措施。它也可以应用于缓冲管理。STC还有助于加深对材料移动和处理时间波动的认识。从事质量管理的人和制造工程师都非常熟悉SPC，他们知道产品特征的变化会引起不协调。“统计产出控制”将这一众所周知的概念扩展到周转时间和库存水平的波动上。霍普和斯皮尔曼定义了在STC中用到的变量[16]：

- R = 完成产品定额 Q 所需要的时间
- n_t = 在 t 时刻的累积生产量（我们所在的位置）
- S_t = 预定的在 t 时刻的累积生产量（我们应该在的位置）

如果生产率是固定的，$S_t = Q\frac{t}{R}$。这就是说，如果还剩下一半的时间，那么产品定额的一半应该已经完成。

- Z_α = 产量达不到定额的概率为100%时，所对应的标准正态偏差
- μ = 在时间段 R 内的平均产出
- σ = 在时间段 R 内产出的标准差

一旦这些值建立之后，就可以用下面的方程来创建统计产出控制图：

$$x = -(\mu - Q)\frac{(R-t)}{R} - Z_\alpha \sigma\sqrt{\frac{R-t}{R}}$$

第一项是期望产出与生产定额之差乘以时间段 R 中剩下

的时间与 R 的比值。第二项是实际产出的（$1-\alpha$）分位点。图 2.7 显示了一张在 10 个小时内生产定额为 1000 件的 STC 图，图中，平均产出是 1000 件，标准差是 100 件。

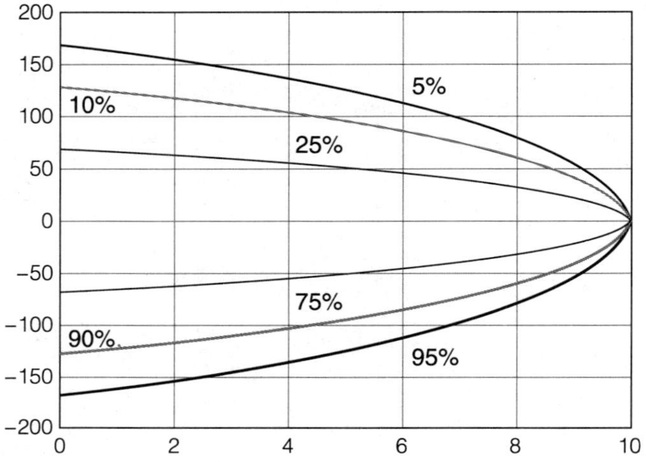

图 2.7 统计产出图

曲线包围的区域显示了在目前过剩的情况下产出达不到定额的情况。举个例子，如果一个工厂 4 小时的产量超过了定额 100 件，那么在既定的生产时段内，没有按照定额生产的概率为 10%。换句话说，已经生产了 500 件产品，在以后的 6 个小时内，工厂将生产剩下的 500 件。6 个小时的期望产出是 600 件，标准差是 0.6 的平方根的 100 倍，即 77.5。按照下面的方法计算标准正态偏差，来找到在剩余时间内，产出不高于 500 件的概率。−1.29的累计正态概率为 0.0985，即稍小于 10%。

$$z=\frac{\text{要求值}-\text{期望值}}{\sigma}=\frac{500-600}{77.45}=-1.29$$

图 2.8 用 N 个均值为 μ/N、标准差为 $\sigma N^{-0.5}$ 的正态分布的随机数模拟了实际的生产。也就是说，将生产时间 R 分成 N

个部分，每个时间段的持续时间为 R/N，这些时间段内的平均产量为 μ/N，标准差为 $\sigma N^{-0.5}$。显然，我们可以得到从定额之上到定额之下的结果。

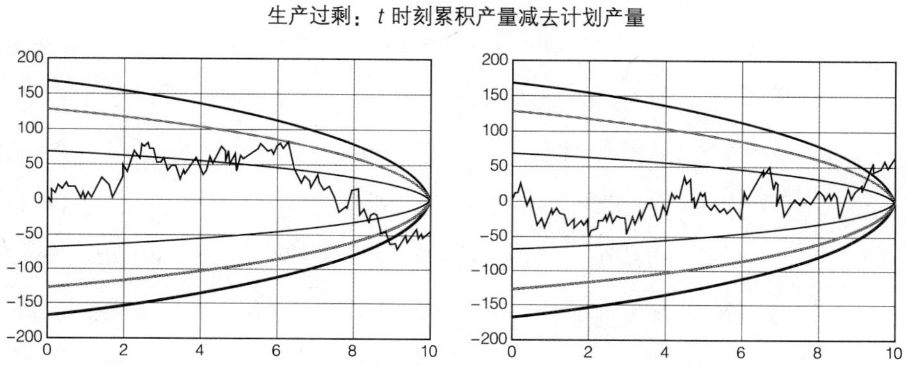

图 2.8　STC 模拟

当然，在实际中产出不应该低于生产定额。STC 图的目的就是使管理者能够采取纠正性的措施，如增加位于瓶颈工序之前的工序生产率，从而使得短缺永远不会发生。

下一节将介绍“流”这一概念，特别是连续流的概念。理想状态是工作能够保持连续。实际上，加工具有流动性的化学原料的化工厂可以实现这种“流”，但生产不连续产品的工厂只能接近这一状态。

2.3　流：使工作持续进行

为了理解流的概念，我们可以看一看化学加工行业中化工产品的生产方法。用于大规模化工生产的设备与用于化学实验室中的试管和烧瓶有很大的区别。

化工厂有时使用批量式反应器，这实际上相当于容量达几千加仑的“烧瓶”。批量式反应器是最难控制的反应器。例如，当反应物浓度最高的时候，可能有必要在反应的起始阶段增加或者减少大量的热量。不同批量之间的差异可能是造成这一问题的原因。这样的反应器通常对于小规模的或者专业分工的工厂十分有用，正如拥有不同部门或者不同车间布局的工厂善于处理规模相对较小的工作一样。

在任何情况下，保持产品不停地移动是很重要的，但是以此为目的的系统［流水线或者有节奏的生产线（paced line）］在功能上是有区别的。有时，选择哪一种要根据管理者的想法。就像在下面的讨论中所体现的那样，区分流水线和有节奏的生产线以及它们各自的优势是很重要的。

1. 流水线有和节奏的生产线

霍普和斯皮尔曼强调了区分流水线和有节奏的生产线的重要性[17]。在流水线中，每个工作站都以各自的速度进行生产，整体的生产速度是（或者应该是）由瓶颈或者能力约束资源设定的。鼓—缓冲器—绳子系统或者看板生产控制系统可以防止较快的工作站超过较慢的工作站。有些工作站拥有过剩的产能是正常的，有时这甚至是人们希望的。

在有节奏的装配线上，速度是由将零件从一个地方送到另一个地方的传动带设定的。在这种情况下，设定的速度应该使每个人或者机器都能跟上工作的进展。理想的状况，就像亨利·福特所描述的，是对每个人来说，“在工作中必须做到有条不紊，合理安排每一秒钟，绝不浪费任何时间”[18]。这就需要节奏平衡的装配线。如果工作可以细分为较小的步骤，那么可以按照大致相同的比例将工作分配给工人或者工作站。这就是众所周知的生产线平衡（line-of-balance，LOB）问题，霍普和斯皮尔曼为此提供了一种算法[19]。

2. 活塞流反应器：理想情况的一个模型

在批量式反应器中，化学工程师喜欢连续搅拌釜式反应器（CSTR）和活塞流反应器（PFR）。在一个化工厂内，产能受到最低产能单位（或者是反应器本身，或者是下游的某个单位，如离析器或者分裂蒸馏塔）的限制，活塞流反应器与流水线的方式很相似，在说明一个生产不连续产品的工厂希望近似达到的状况时，PFR（如图2.9所示）是一个有用的模型。肖恩伯格（Richard J. Schonberger）注意到，理想状态“不是装配线生产，而是连续生产，这在我们所谓的加工行业中非常普遍”[20]。

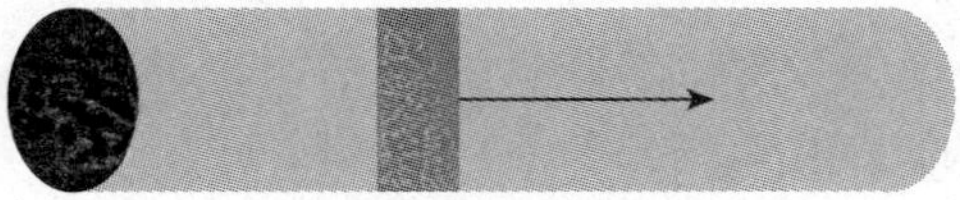

图2.9　活塞流反应器

在PFR的模型中，从本质上说，没有工序或者物料转移时间的变动。当然，这一模型不能被用于不连续的产品，但是对于我们想象中的理想状态，它是一个有用的例子。

在正常运转的PFR中，不断循环的可流动的成分（每种成分的长度不同）之间没有轴向混合，在管子里连续地运动。这些成分中可能还包括催化剂。这些可流动的成分可以被看成是只含有一种化学“工件”的微型批量反应器。它在管子中连续运动，并且在通过管子的整个过程中，发生了增加价值的化学反应。PFR 相对容易控制，你可以根据需要对它们进行蒸汽加热或冷却。

在亨利·福特的胭脂河（River Rouge）工厂中，工人们站在传送带旁边，传送带上装载着底盘之类的巨大的在制品。这减少了两个工作站之间不增加价值的运输时间，而且工人不需要在传送带旁边走动：

> 这样，工人们就不必在他的腿和工作之间分散注意力。他控制着这项工作，当他完成的时候，他向后面走几步，就可以开始组装下一辆车[21]！

在现代汽车装配工厂，这个概念被进一步扩展到“煮锅式”（skillet）生产线，它是一种装载着工人和汽车一起移动的平台。戴姆勒—克莱斯勒（DaimlerChrysler）的伯克·布朗（Burke Brown）观察到，“从人体工效学的角度来看，这对于工人来说更好，因为他可以改变‘煮锅’的高度，并且当汽车向装配线的下游移动时，他不用去追赶”[22]。生产不连续产品的工厂试图模仿存在于活塞流反应器中的理想情况，福特的移动“人行道”和现代“煮锅式”生产线都是这样的例子：

- 工作处于持续运动中，不存在停止或库存之类的问题。
- 持续增加价值，甚至连从一个工作站转移到另一个工作站之间都没有停顿。在 PFR 中，这个概念毫不奇怪，因为化学反应实际上就是连续的。在生产不连续产品的情况下，价值可能不会连续增加，但增加价值的时间与不增加价值时间的比例应该增加，而不增加价值的时间包括等待和运输的时间。

- 处理的工件是一个整体：一个反应器中不同的流动性成分，或者装配线上的一件离散产品。

3. 飞行盒子：20世纪初的流

化学加工行业很好地意识到了使物料流动起来的好处，气动输送器可以使固体能够像液体或者气体那样流动，它可以用于粉末或者小球的传输，如将塑料小球传送给挤出机。但是，有一家工厂将这个概念应用到了纸盒的传输上：

> 底特律纸盒厂利用排气扇将产品从一个车间通过铁皮管运到下一个车间。在包装车间，包装工人站在几排很长的桌子旁。在每一位包装工人面前，都有一个从主管道上引出的出口。在库房中，每个出口处都有一个调节风门，这一风门由操作者控制（原文如此）。当桌子上的库存很少时，包装工人给库房一个信号，操作者打开调节风门，就会有更多的盒子"流"到桌子上。几分钟内补充的盒子就可以供一个小时甚至更长时间的工作使用（但是因为盒子可以根据需求配送，似乎没有理由持有可供一个小时使用的库存）。这种运送盒子的方法节省了购买昂贵的搬运车的支出，并且可以使工作快速进行，同时这种处理方法不会损坏产品[23]。

传输盒子的例子说明，气动输送器可以使任何物品从工厂的一个车间"飞到"另一个车间，只要物品相对较轻并且在这个过程中不易损坏。气动管道（如银行用于移动钱或文书的装置）是另一个例子，但这还包括从某个地点返回其原始地点的容器。

“保持产品移动”（出版于1911年的一本著作中的一章）的例子也从有趣的历史角度提供了关于流的概念。在这些近百年的古老例子中，“思考过程比具体的应用更重要”。前面列举的例子以及下面这个例子都说明，差不多在100年前，美国的制造业就清楚地认识到了这个概念。我们还可以列举一个实例：

> 将物料放在搬运车（手推车）中而不是地面上。这将会保持车间的整洁并保持零件的移动。这个公理在Hilker and Wiechers公司位于威斯康星州Racine的服装工厂中又一次得到验证。加工完成之后，在运到仓库之前，服装被堆积在缝纫车间的长椅上。为了将它们放到仓库中，一个小伙子用升降机运来一个空的搬运车，将长椅上的服装装进搬运车，然后把它们卸到仓库中的架子上。
>
> 人们生产出了适用于搬运这些服装的搬运车。服装加工完成之后，空的装运车已经准备就绪并被尽快装满，而小伙子们要做的事就是保持搬运车不停地移动，把空车推过来，将装满服装的车推走[24]。

将服装从长椅上运走是一个不增加价值的步骤，因此可以通过直接将它们放入运送工具来消除。这个想法很容易扩展，将运送工具改造成有轮子的看板容器；在空运送工具到来之前，不生产任何东西。

小结：拉式生产控制

本章关注于不同形式的拉式和同步生产控制方法。这些系统都优于传统方法，因为在传统方法中，工作是被推进生产线的，就像蛇完整地吞下了一头猪一样。

- 流水线应该服从像看板或者鼓—缓冲器—绳子一样的拉式生产系统。每个工作站可以按照自己的节奏生产，因此整体的节奏应该由瓶颈或者能力约束资源来设定。
  —从简单性来看，DBR要优于看板。看板系统要求每两个相邻的工作站之间都要有信息连接，但是DBR只需要连接瓶颈和生产的开始点。
  —简化的市场拉动（SMP）和DBR相似，不同之处在于它连接的是市场瓶颈和生产的开始点。
- 有节奏的生产线包括传统的装配线，因为装配线中不断移动的传送带设定了整个生产的节奏。它们的运作能否成功依赖于各操作之间是否平衡，因此每项操作的工作量大体相同。
  —节拍时间（即可用时间除以需要生产的数量）设定了整体生产节奏。
  —在协调复杂的活动（如芭蕾和军乐队演出）时，音乐起到了关键作用。亨利·福特设计各装配线的活动以获得低库存“流”，取得了类似的成功。

保持产品不停移动非常重要。如果周转时间是一个绩效衡量指标，那么我们就不允许将产品存放在库房或者仓库中。亨利·福特指出：“所有产品要不停地移动。”[25]第3章将更加详细地讨论波动性以及波动对于周转时间和库存的影响。

注：

[1] Standard and Davis, *Running Today's Factory*, pp. 111 – 112.

[2] Ford, *My Life and Work*, p. 143.

[3] Gourley, *Wheels of Time*, p. 00.

[4] Ford, *My Life and Work*, p. 82.

[5] Hayes, Wheelwright and Clark, *Dynamic Manufacturing*, pp. 50 – 51.

[6] Sorensen, *My Forty Years with Ford*, p. 281.

[7] http: //www. windjammers. net/shanties. html; the site is no longer online.

[8] Parkhurst, *Applied Methods of Scientific Management*, p. 82.

[9] The System Company, *How Scientific Management is Applied*, p. 109.

[10] The System Company, *How to Get More Out of Your Factory*, p. 27.

[11] Hopp and Spearman, *Factory Physics*, p. 361.

[12] Smith, *Time Out*, p. 197.

[13] Turbide, "A Lean Approach to Lean," p. 0.

[14] Hopp and Spearman, *Factory Physics*, pp. 349 – 360.

[15] Ibid. , pp. 475 – 478.

[16] Ibid. , pp. 475 – 478.

[17] Ibid. , p640.

[18] Ford, *My Life and Work*, p. 82.

[19] Hands, *Factory Physics*, pp. 642 – 645.

[20] Schonberger, *Japanese Manufacturing Techniques: Nine Hidden Lessons in Simplicity*, p. 104.

[21] Norwood, *Ford: Men and Methods*, p. 19.

[22] Sawyer, "Hot off the Skillet."

[23] The System Company, *How to Get More Out of Your Factory*, p. 97.

[24] Ibid. , p100.

[25] Ford, *My Life and Work*, p. 167.

3 第 3 章 波动性

当质量工作者想到波动性时，他们一般会想到它与零件的规格要求有关。实际上，“过程能力”（process capability）是规格限宽度（specification width）与过程标准差的比率，如下面的等式所示。这个比率越大越好，因为这意味着有更少部分的产品由于受到随机影响而落在规格限之外。

$$过程能力\ C_P = \frac{USL - LSL}{6\sigma}$$

其中，LSL 和 USL 是规格限，σ 是过程标准差。

但是，在约束理论中，波动涉及加工时间和材料转运时间。正是这些波动使得工厂不可能 100% 地利用其产能。这些波动的来源与过程能力波动的来源有所不同，在下一节中我们将会对二者进行比较。

3.1 波动来源

质量工作者十分熟悉六种传统的波动来源，它们可以在鱼骨图或者因果图上显示出来。这些因素加剧了产品特征的波动，从而降低了过程能力：

- 人员（人员问题，如培训是否充分，员工是否疲劳）。
- 机器（设备问题，如工具磨损，预防性维护不足）。
- 方法（工作指示，工作应该如何完成）。
- 物料（一般来说包括物料清单中的所有物料，再加上腐蚀液和电镀液、机器冷却剂等损耗品）。
- 测量（量具的标准及其为统计或其他过程控制提供反馈数据的能力）。
- 环境（温度、湿度、半导体制造中的微粒、食品制造中的细菌）。

工作流程中的某个操作产生的质量问题都可能是由上述原因之一引起的。一个关键的发现是，问题的来源与出现问题的工作非常接近：培训不足的员工；设备缺陷；不当的指令或方法；送来的物料有质量缺陷等。实际上，典型的操作可以根据SIPOC（供应商、投入、加工、产出和顾客）模型来检查，如图3.1所示。

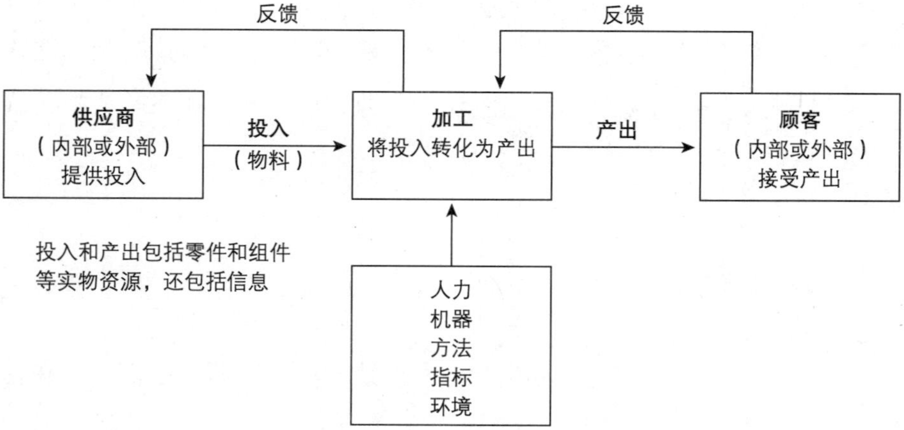

图3.1 SIPOC模型

SIPOC模型说明，任何质量问题的来源都可能与出现问题的工序直接相邻。如果不是工序本身出了问题，很容易想到检查内部或者外部的供应。问题解决的过程在概念上很简单，但它的执行需要付出很大的努力，这取决于具体的情况。

但是，准时制生产控制及类似方法要求输入品不仅要满足质量要求，而且其到达时间也不能晚于需要它的时间，理想状况下，它的到达时间也不能太早。对于质量问题来说，加工时间的波动通常是操作的局部问题。但是，物料流的波动会对其他工序产生影响，而受其影响的工序通常距离波动的产生源较远。复杂的物料清单会加剧这一问题，就像下面部分所显示的那样。

1. “等待匹配”和供应链依赖

看板和鼓—缓冲器—绳子生产控制系统在课本中看起来相当简单。例如，通过可视化控制（如卡片或者看板区域），看板系统中的每个工作站都与其下游工作站相联系。只有当收到看板卡或者看到看板区域为空时，才生产新的产品。这个模型提供了一种很直观的方法，可以看到一批工件在每个车间内进行加工，在工厂内不断地移动。

但是，当某一个操作需要将两个或者更多的零件装配起来时，这个问题就变得更加复杂。“等待匹配”意味着只有当所有的零部件都准备好时，这个装配操作才能进行，如果物料清单更加复杂，这个问题就会更加严重（如图3.2所示）。

从图中我们可以很清楚地看到，为了生产产品A，必须准备好2单位的B、3单位的C和1单位的D。为了达到这个目标，我们必须将这些部件组成一组，成套地送到装配工作站。

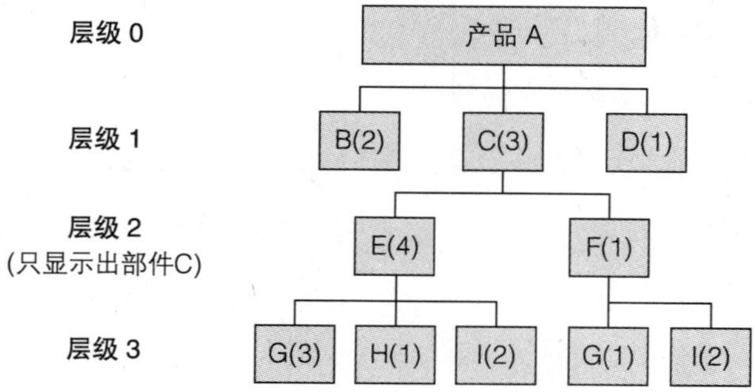

图 3.2 物料清单

但是，E 或 F 的短缺或者其运输速度的波动会影响 C 的生产。另一方面，E 又依赖于 G、H 和 I，依此类推。

图 3.2 强调了在整个供应链上平滑产品流时复杂的依赖性。供应链是“一个网络，通过巧妙的信息流、实物的分发以及资金流，传递产品与服务，始于原材料，结束于消费者”[1]。例如，如果物料清单层级 3 中的零件来自不同的供应商（或者更糟，来自海外供应商），交付期很长，那么制造商持有大量的该零件作为库存也就不足为怪了。物料管理者必须像中世纪的地主那样考虑持有大量的食物和其他物品，以防有人包围他的城堡。

如果食物以先进先出的方式进入城堡，那么最终这些食物将被吃光，没有任何浪费。在工业中，对于无差异的物料（如亨利·福特储存在他的钢铁厂中的铁矿或者煤）以及像螺丝钉和螺栓一样的标准件来说，这可能也是适用的。霍普和斯皮尔曼[2]描述了低层的部件是如何为以后的按订单装配建立库存的。如前所述，如果搬运成本不高，并且库存不会隐藏问题，那么这是可以接受的。总之：

- 虽然加工时间的波动来自于出现问题的操作本身，并且可以通过传统的因果图分析出来，但是物料转移时间的波动产生于较远的上游，甚至有可能产生于工厂的外部。

- 复杂的物料清单以及运输提前期都可能加剧波动。海外供应使得运输提前期更长。
- 供应链管理对于减少波动是很关键的。

2. 批量

“加工批量”（process batching）指的是需要集中一定数量的零件，来装满批量加工工具，如热处理加热炉或者电镀池。“转运批量”（transfer batching）指的是集中足够的零件，来装满车厢或者叉车，甚至一辆卡车。这两种情况都会增加周转时间和物料转移时间的波动（第4章中的“单件产品生产”部分将更加详细地讲述批量的影响）。

3. 质量和可靠性问题

返工会增大波动，运回生产线的零件会打断正常的工序，或者等待加工。标准质量改进和差错防范技术都可以用于防止返工和减少浪费。

但是，库存不仅仅是由质量问题产生的，还有一些间接的原因。日本工厂的一个基本生产理念是“不接受它，不制造它，不传递它”，这里的“它”指的是低质量。这就是说，没有一个缺陷不是来自于制造它的车间，应该采取纠正行动来预防它的再次发生。

在单件流中，只要存在某种方法可以检查每件外来零件，这个目标就是可以达到的。但是，如果零件在生产之后不能立即检查，就送到库房或者仓库，那么在这个错误被检查出来之前，会生产一大批有缺陷的产品。持续检查系统有助于实现“不接受它，不制造它，不传递它”的目标，它具有以下重要特征[3]：

- 检查每一个零件。
- 检查者必须是公正的（很像一个质量审计员）。
- 如果一个零件有缺陷，立刻通知产出缺陷零件的工序。
- 随后采取纠正行动，以消除缺陷的来源。

自检系统的效果还要好，下面将进行介绍。“自检系统”（self-check systems）在持续检查系统的基础上进行了改进，在零件生产之后立刻检查。例如，福特汽车公司使用一系列的快速量具，来保证每个经过检验的零件都符合规格。不规范的工件立即被剔除出来。第 5 章的“生产过程质量控制”部分会更详细地讨论这些观点。

计划外的设备停工也会增加工序和物料转移时间的波动。第 5 章将讨论预防性维护的重要性，预防性维护可以避免这种情况的发生。

本小节介绍了一些加工和物料转移时间波动的可能来源。下面一节将会解释波动的影响。但请注意，把波动看成不可避免是错误的。

3.2 波动的影响：火柴棒和骰子练习

高德拉特和考克斯在《目标》中介绍的火柴棒和骰子模

拟游戏的玩法如下：每一个工作站可以处理一次与掷骰子所得数字对应的在制品，如果在工作站中存在这么多在制品的话。模拟的过程是：掷一次骰子，然后选择掷出点数和可用在制品数中较小的一个。例如，如果掷骰子掷出的点数是4，但是只有3个在制品等待加工，那么这个工作站只能加工3个。因为掷骰子的平均值是3.5，我们希望模拟生产线每轮平均可以处理3.5单位，但是不久我们就会发现，实际的产出远远小于3.5。这是因为掷出的高点数由于没有足够的在制品被浪费了。因为每个工作站都是瓶颈（假设工厂完全平衡），在瓶颈上损失的时间就永远失去了，每一个这样的事件都意味着产出的永久损失。

表3.1所示为用Visual Basic开发的火柴棒和骰子实验的模拟软件。四个工作站都从4个单位开始（第一轮比期望能处理的3.5稍多一点）。起始库存的目的是减少系统达到稳定状态的时间（如果能够达到稳定状态的话）。否则，几轮之后下游的工作站就不能生产任何产品了。

表3.1 火柴棒和骰子模拟的初始设置

工作站	开始	1	2	3	4	结束
库存		4	4	4	4	
骰子点数						
传给下一个						
变化						

注意每个工作站是怎样传递骰子点数（模拟的生产能力）和在制品库存中较小的数字的（参见表3.1a）。

表 3.1a 火柴棒和骰子模拟第一轮

工作站	开始	1	2	3	4	结束
库存		4	4	4	4	
骰子点数	1	1	1	6	6	
传给下一个	1	1	1	4	4	
变化		0	0	-3	0	

尽管工作站 3 和工作站 4 掷出了 6 点，但是它们只能处理它们已有的 4 个库存。特别注意一下，这 4 个工作站掷出的点数平均每轮的期望生产率是 3.5 单位。但是，“传给下一个”一行显示这些工作站只加工了 10 单位，平均每个工作站 2.5 单位。

既然掷骰子的均值是 3.5，那么我们可以清楚地看到，浪费的 4 点（生产产品的机会）永远不能恢复了。在瓶颈上失去的时间永远地失去了，在平衡状态下，每个操作都是瓶颈。这就是火柴棒和骰子模拟告诉我们的关键一点。

最下面一行显示了每个工作站在制品库存的变化。因为工作站 4 发出了 4 件，并且从工作站 2 接到 1 件，它的在制品减少了 2 件。其他工作站都是 0，因为它们接收的和送出的一样多。在第二轮开始时，4 个工作站的库存分别为 4、4、1、4，如表 3.1b 所示。注意“结束”一栏是怎样记录轮数和平均生产率的。

表 3.1b 在转移了产成品之后的在制品，模拟第一轮

工作站	开始	1	2	3	4	结束
库存		4	4	1	4	4
骰子点数						$N=1$
传给下一个						平均 =4
变化						

表3.2显示了第二轮掷骰子的结果。这轮骰子点数实际上非常不错。它们的平均值（6+3+2+6）/4=4.25，比期望值3.5要高。但是，工作站1有2点浪费了，因为它只有4单位可以加工的在制品。工作站3也浪费了1点。尽管我们开始这个练习时，期望高的点数可以抵消低的点数，但是事实上，由于高的点数得不到利用，这时所浪费的点数就不可逆地丢失了，所以这个系统永远不可能达到平均每轮3.5的期望值。

表3.2 第二轮掷骰子

工作站	开始	1	2	3	4	结束
库存		4	4	1	4	4
骰子点数	5	6	3	2	6	$N=1$
传给下一个	5	4	3	1	4	平均=4
变化		1	1	2	-3	

现在的问题是：如果每个工作站持有了足够多的在制品，保证将来掷出的高点数不会被浪费，那么最终会不会达到一种稳定状态呢？用VB编写的程序可以模拟7000轮，所以如果存在稳定状态，那么这一程序就能够对其进行模拟并展示出来。表3.3显示了两个期间很长的模拟，我们可以认为达到了稳定状态。第一个截图中右边的柱状图实际上是这个程序中的一个缩略图，它的目的是为了显示在模拟中发生的气泡效应（bubble effect）或波纹效应（ripple effect）。在表3.3中，工作站1、工作站3和工作站4都有足够多的待处理在制品，可以使得任何点数都能被利用。但是，工作站2有5/6的几率（即骰子的点数大于1）会浪费骰子的点数。表3.3a是掷2149次骰子之后的状态，表中显示，工作站4有50%的可能会浪费骰子的点数，尽管在4个工作站中有193单位的在制品！

表 3.3 掷 823 次骰子后的模拟

工作站	开始	1	2	3	4	结束	
库存		45	1	57	30	2741	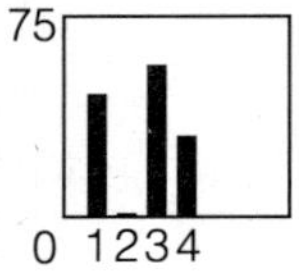
骰子点数						N = 823	
传给下一个						平均 =3.33	
变化							

表 3.3a 掷 2149 次骰子后的模拟

工作站	开始	1	2	3	4	结束
库存		22	49	119	3	7316
骰子点数						N = 2149
传给下一个						平均 =3.4
变化						

表 3.4 模拟了 7001 轮之后的状况，这时产成品的期望数量为 24503.5 单位，但实际只有 24070 单位，少了 433.5 单位，实际上有 483 单位作为库存留在了系统中。

表 3.4 长期稳定状态

工作站	开始	1	2	3	4	结束
库存		221	120	47	95	24070
骰子点数						N = 7001
传给下一个						平均 =3.44
变化						

图 3.3 画出了平均生产率（产成品除以轮数，两条线中较高的那一条）和总在制品库存随时间的变化。它说明每轮 3.5 单位的生产率期望值永远不会达到，因为那些只持有 2 单位库存的工作站即使抛出高点数也会被浪费。它还给出了一个违反直觉的结论：尽管总在制品库存会有波动，但似乎是朝越来越

多的方向发展。

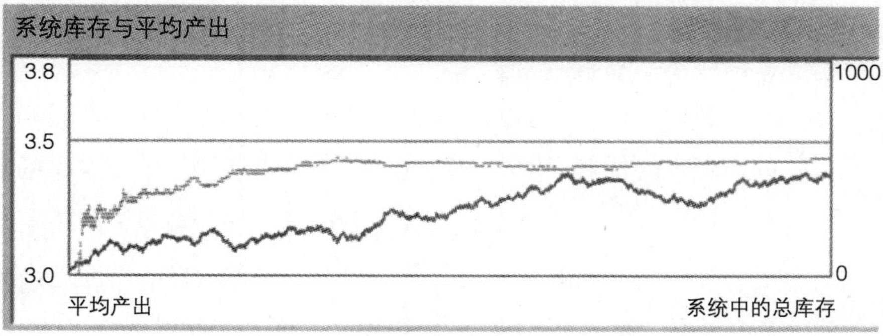

图3.3 表现图

下面对一些重要的问题进行总结。由于上游工作站存在着加工和转移时间的波动：

- 当工作站有产能时，它有可能没有工件进行加工。因为每一个工作站都是瓶颈（在平衡的工厂中，所有的工作站都有相同的产能），浪费的产能就永远失去了。
- 上游工作站可能传递过多的在制品，这会增加库存和等待时间。

顺便提一下，并非只有工厂会因波动而造成产出低于产能。比格利（Sharon Begley）描述了由于车流的波动而引起的“交通阻塞幻影”（phantom traffic jams）[4]。司机寻找更快的车道常常使这一问题恶化——就像生产管理者试图加快优先工作的速度一样，这会引起混乱。“这使得更多的汽车变换车道，使得交通拥堵不断扩散，使这段路中汽车的通过量减少了10%。”这一现象可以在高峰时间造成5英里的阻塞。刹车也会导致同样的结果。

比格利的陈述更加吓人：“就像水突然结冰一样，畅通的交通会自发失灵，从一个结晶点（那个停下车来看热闹的白痴）开始，拥堵开始向后面扩散。”我们很容易看到在工厂里发生同样的事情，尤其是那些允许工作被推进生产线而不考虑产能的工厂。

我们可以想象，如果每辆车的速度都相等，那么在高峰时间车辆也会快速、顺畅地行驶。如果将来能够开发出可靠的汽车速度控制系统，那么这个目标就可以实现。司机只要说明自己的目的地，交通控制电脑就会设定车辆的速度，并使它在一条车道内行驶——这样，司机就可以阅读或者使用手提电脑了。当然，这个系统必须绝对可靠，不会引起大量交通事故。

如果这种系统真的存在，那么公路就可以容纳更多的车辆。为了避免撞到前面的车辆，司机至少需要 1 秒钟的刹车反应时间，最好有 2 秒或者更多的缓冲时间。实际上，安全缓冲非常类似于缓冲库存，这种库存的目的是为了减少系统——在这个例子中是司机——受到波动的影响。人类的神经系统要求较长的安全缓冲时间，相比之下，电脑化的交通控制系统可以做到两车之间只保留几分之一秒的缓冲时间，而且不存在追尾的风险，因为它除去了高速公路中的波动。这种高速公路交通安排可能在几十年后才能实现，但是相同的概念可以运用到今天的工厂中。回想一下亨利·福特在没有任何电脑的情况下是如何成功地为装配线设定节奏的。

这一节通过利用火柴棒和骰子模拟解释了在一个平衡的工厂（即能够 100% 地利用产能的工厂）中波动带来的影响。下一节将分析单服务器队列的运行特征，并引入一个方程，这个方程将波动的概念与亨利·福特在运营一个已接近 100% 产能利用率的平衡的工厂中取得的成功联系在一起。

3.3 波动的影响：单服务器队列的运行特征

霍普和斯皮尔曼[5]说明了在给定服务器效能 u 的情况下如何计算单服务器队列的在制品库存和周期时间。设系统中有 n 个单位在队列中。

- 当一个新单位到达时，系统唯一可能的变化是增加一个单位（$n+1$），当一个单位被处理完后，唯一可能的变化是减少到（$n-1$）。
- 只有当系统中没有在制品时，服务器才闲置，所以 $p_0=1-u$（p_n 是指有 n 个单位在队列中的概率）。
- 系统从状态（$n-1$）到 n 的稳态速率为 $p_{n-1}r_a$，其中，p_{n-1}是队列中有 $n-1$ 单位的概率，r_a 是到达率。到达率（单位时间到达的产品数）是平均到达时间的倒数。
- 系统从状态 n 到（$n-1$）的稳态速率为 p_nr_e，其中，p_n 是队列中有 n 单位的概率，r_e 是指处理率。处理率（单位时间的产品数）是平均处理时间的倒数。

稳态的存在要求 $p_{n-1}r_a=p_nr_e$；也就是说，如果系统要保持在均衡状态，那么增加率和减少率应该相等。现在：

$$u=\frac{r_a}{r_e}\Rightarrow p_n=p_{n-1}u$$

由于 $p_0=1-u$，$p_1=u(1-u)$，且 $p_n=u^n(1-u)$

$$WIP=\sum_{n=1}^{\infty}np_n=\sum_{n=1}^{\infty}nu^n(1-u)=(1-u)\sum_{n=0}^{\infty}nu^n$$

级数的第一项是0，因此：

$$WIP=(1-u)\sum_{n=1}^{\infty}nu^{n}=(1-u)u\sum_{n=1}^{\infty}nu^{n-1}$$

有一个无限级数如下：

$$\text{如果 } u<1\text{，则}\frac{1}{(1\mp u)^2}=1\mp 2u+3u^2\mp 4u^3+\cdots$$

$$\text{因此，}\frac{1}{(1-u)^2}=\sum_{n=1}^{\infty}nu^{n-1}$$

$$WIP=(1-u)u\sum_{n=1}^{\infty}nu^{n-1}=\frac{(1-u)u}{(1-u)^2}=\frac{u}{1-u}$$

此外，根据利特尔法则，周转时间等于在制品除以产出。得出下面一系列的等式[6]：

- 在制品 $WIP=\frac{u}{1-u}$
- 周转时间 $CT=\frac{WIP}{r_a}=\frac{u}{1-u}\Big/\frac{u}{t_e}=\frac{t_e}{1-u}$，因为在稳定状态，产出 $=r_a$
- 队列中的周转时间 $CTQ=CT-t_e=\frac{t_e}{1-u}-t_e=\frac{t_e u}{1-u}$，因为队列中的时间 = 总的周转时间 − 处理花费的时间
- 队列中的在制品 $WIP\ q=r_aCTQ=\frac{u}{t_w}\frac{t_e u}{1-u}=\frac{u^2}{1-u}$

斯坦德和戴维斯引用了当内部到达时间服从指数分布时队列中周转时间的方程[7]。霍普和斯皮尔曼将这个方程称为Kingman方程（以第一个发现者命名）或者VUT（variability-utilization-time，波动—效用—时间）方程。他们指出，这个方程适合M/M/1队列和G/G/1队列，其中1表示“一台服务器”

[M表示指数（无记忆）分布，G表示非指数分布[8]。艾夫瑞尔·洛（Avrill M. Law）和凯尔顿（W. David Kelton）利用指数分布来模拟单服务器队列或者M/M/1队列中内部到达时间和服务（或者处理）时间][9]。Kingman方程为：

$$CT_q = \left(\frac{c_a^2 + c_e^2}{2}\right)\left(\frac{u}{1-u}\right) t_e$$

其中，

CT_q = 等待工作站处理的队列周转时间

$c_a = \frac{\sigma_a}{t_a}$ = 到达工作站间隔时间的变动系数

$c_e = \frac{\sigma_e}{t_e}$ = 有效处理时间的变动系数

$u = \frac{t_a}{t_e}$ = 效用

t_a = 到达工作站的平均间隔时间

t_e = 有效处理时间

这个方程在实际中应用时要注意两个因子：$\left(\frac{c_a^2 + c_e^2}{2}\right)$ 和 $\left(\frac{u}{1-u}\right)$。第二个因子说明在效用接近100%时，队列中的周期时间确实会接近无穷大（因而导致库存也趋于无穷大）。但是，第一个因子说明，消除物料转运和处理时间的波动可以缩短周转时间，并将库存降为0——有广泛的证据证明，这就是亨利·福特的生产策略。

如上所述，霍普和斯皮尔曼指出，Kingman方程适合于M/M/1队列，也适合于G/G/1队列，其中1表示“一台服务器”。如果注意到一个指数分布的均值（θ）和标准差是相同的，那么这个观点的前半部分就很容易证明。这使得任何指数分布的变动系数都是 1，因此，Kingman 方程可以简化为 $CTQ=\frac{t_e u}{1-u}$。

实际上，指数分布是两次随机到达时间间隔的标准模型。它的“副本”泊松分布是单位时间内随机到达次数的模型。这使得指数分布成为模拟服务器的顾客或者工作站的零件到达的间隔时间的最合理模型。

从直觉上看，处理时间也采用指数分布是合理的，因为通常存在一个完成工作的最短时间。例如，冲压操作的速度可能受到压力机张开和闭合速度的限制。指数分布可以考虑到这个最小值，设定“界限参数”（threshold parameter），这与可靠性应用中的保证时间相同。

$$f(t)=\frac{1}{\theta}\exp\left(\frac{-(t-\delta)}{\theta}\right)$$

其中，δ 是界限参数（t 不能小于 δ），θ 是形状参数（shape parameter）（在可靠性应用中，θ 也被认为是两次故障之间的间隔时间或者特性寿命的均值）。θ + δ 是没有界限参数的单纯指数分布的平均水平，所以 θ + δ 就是包含界限参数的指数分布的均值。

图 3.4 显示了一个指数分布的图形。完成这项任务需要不少于 10 单位时间（δ = 10），随机波动（在以后的章节中，我们将质疑它真正的随机性）通常会使得时间更长。因为 θ = 1，平均任务时间为 11 单位时间。

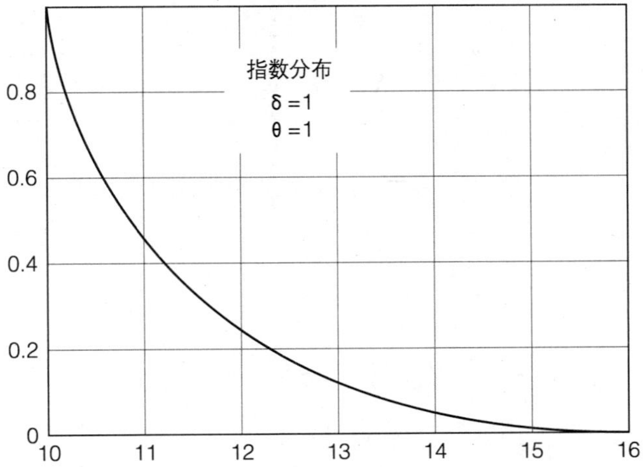

图 3.4　包含界限参数的指数分布

小结：波动性

本章列举了处理和物料转运时间波动的一些常见的来源。不管对于处理还是转运，批量的方式会增加波动，同时也会增加周期时间。等待匹配也是装配企业面临的一个问题，复杂的物料清单会使情况更糟。配套是这种问题的传统解决办法。导致返工和浪费的质量问题，再加上引起设备停工的可靠性问题，也会增加波动。

《目标》中的火柴棒和骰子的练习说明波动的影响是使得完全平衡系统中的瓶颈饥饿，以至于无法达到理论上的产能。这种饥饿的情况发生在很多地方；一个工作站可能有很多的订单，但是另一个工作站在等待工作。这强调了这样一个结论：处理和物料转移时间的波动是平滑流动生产的致命敌人。

任何随机分布模型都存在一个问题，不管是指数分布、正态分布还是掷骰子得出的均匀整数分布，这个问题使思维受到了限制，认为工厂对于波动是无能为力的。火柴棒和掷骰子模拟非常适合讲授波动的影响，但是如果人们接受了自己不得不与波动共存这一现实，那将变得危险。第 4 章将讨论减少波动的方法，这样工厂就可以每次都掷出 6 点，或者接近 6 点。

注：

[1] Walker, "Supply Chain Management," APICS-NEPA meeting, Pittston, PA, March 14, 2001

[2] Hopp and Spearman, *Factory Physics*, p. 322.

[3] Shingo, *The Sayings of Shigeo Shigeo*, p. 76.

[4] Begley, "How Brief Drop in Cars Can Trigger Tie-Ups, and Other Traffic Tales," p. 0.

[5] Hopp and Spearman, *Factory Physics*, pp. 267 –269.

[6] Ibid. , p. 269.

[7] Standard and Davis, *Running Today's Factory*, p. 234.

[8] Hopp and Spearman, *Factory Physics*, p. 270.

[9] Law and Kelton, *Simulation*, *Modeling*, and Analysis, pp. 15 –16.

[10] Hopp and Spearman, *Factory Physics*, p. 270.

4 第4章

减少波动

要是我们受制于人，亲爱的勃鲁托斯，那错处并不在我们的命运，而在我们自己[1]。

本章将说明为什么在生产和物料转移过程中时间的波动并非理所当然的，我们可以采取一些措施来减少这些波动。本章和下一章会有些相似的地方，因为多数生产率提高技术和原则同样可以减少波动。因此，本章关注用于缩短物料转运时间的措施，而第5章则更多地讲述精益生产原则。

关于亨利·福特的移动装配线，人们抱怨最多的是它通过无意识的和重复的工作剥夺工人的个性。福特自己在《我的生活和工作》一书中写到："放置零件的工人不用固定零件——在几次操作之后，这个零件可能还没有彻底完成。放螺钉的工人不用拧紧它。"[2]在电影《摩登时代》(*Modern Times*)中，查理·卓别林(Charlie Chaplin)将这种工作设计概念发挥到了喜剧的极致，他在装配线上无意识地拧紧螺钉，进而发展到用扳手去拧紧他所能看到的每一个像螺钉的物品。

但是，真实情况是，就算是自我领导的小组也会分配任务，因为这使得工作变得简单。接下来的部分解释了劳动细分是怎样在使工作变得简单同时减少波动的。

4.1 劳动细分

吉卜林（Rudyard Kipling）在《勇敢的船长》（*Captains Courageous*）一书中就描述了鱼的清理操作，渔船的船员们建立了他们自己的装配线（在这里用“分解线”更准确）。随后的讨论将介绍如何设计这项工作来减少周转时间和波动，但是这与最优情况还相差很远。试着在下面的工作描述中找出其中明显的浪费（答案将在后面给出）。

> 佩恩（Penn）和曼纽尔（Manuel）站在齐膝深的被围起的鳕鱼中，挥动着刀子。杰克（Jack）脚边放了一个篮子，手上带着手套，对面的萨特斯（Salters）大叔站在一张桌子旁边，而哈维（Harvey）则盯着叉子和木桶。
>
> “嗨！”曼纽尔边喊边俯身抓起一条鱼。他把鱼放在围栏的边上，刀光一闪，刀锋“唰”的一声刺进了鱼的喉咙，并把鱼腹切开，颈部的两侧各留下一个刀口，然后他把鱼扔到了杰克的脚下。
>
> “嗨！”杰克喊了一声，他戴着手套，抓着一把铲子。鳕鱼的肝脏被扔到篮子里。他三下五除二将鱼头和其他内脏扔掉，把被掏空的鱼扔向大声喘气的萨特斯大叔。在另一阵切割声响过之后，鱼的脊柱被剔除了，然后这条无头的、内脏被清理干净的鱼飞到木桶中，海水溅进了哈维张大的嘴里。第一次呼喊之后，人们都安静了。鳕鱼不停地

移动着，仿佛它们还活着，木桶很快就满了，而哈维还久久惊奇于这不可思议的敏捷。

下面的福特工作设计原则是显而易见的：

- 清理鱼的整个工作在三个人中间进行了分工，使得他们处理鱼的速度比单独工作快很多。
- 产品处于不停的运动中："鳕鱼不停地移动着，仿佛它们还活着"——这个简单的句子代表着所有生产操作理想状态的图画。工人们间的距离足够近，以便他们可以把鱼传递（或者扔）给下一个人，而任何人都不需要走动。

但是，这个工作设计还不能满足另一条福特原则：所有的工作都不需要工人弯腰，尤其是不能重复提起重物。工件在运输过程中大概位于腰部的高度，但是"佩恩和曼纽尔站在齐膝深的被围起的鳕鱼中……""'嗨！'曼纽尔边喊边俯身抓起一条鱼。"重新设计围栏的高度毫无疑问会节省大量的体力，同时处理更多的鱼，从而赚更多的钱，还可以在一天的工作结束时不至于腰酸背疼。

如果读者忽视了这一点，那么笔者承认在《亨利·福特的精益观点》（*Henry Ford's Lean Vision*，2002）一书中引用这一例子时也忽视了这一点，而那一段文字正是用来解释劳动细分如何减少波动的。这个疏忽强调了现场领导（gemba leadership，即到增加价值的工作场所亲眼看一下，而不是坐在办公室里进行管理）的价值，也强调了工作录像的好处。从书面表述中，我们很容易忽视工作中的这种浪费，但是亨利·福特和弗兰克·吉尔布雷斯（Frank Gilbreth，他规定在将砖传送给泥瓦工们时，高度应与他们的腰相齐）在看到一个人弯腰来捡鱼时，他们能够很明确地指出其中的浪费。

从数学的角度看一看鱼的清理过程是很有指导意义的。这些渔民不大可能懂得什么是标准差和波动，但是他们肯定能够说出波动对他们的影响。亨利·福特不懂得工业统计学（当他建立工厂时，工业统计学才刚刚起步），但是他做的每一件事都力求减少波动。下面的方程说明了如何计算随机数字之和的标准差，这些随机数字就像是一个多步骤任务中的任务时间。

$$\sigma_{TOTAL} = \sqrt{\sum_{i=1}^{n} \sigma_i^2}$$

表 4.1 将这个方程应用到鱼的清理过程中，这里假设整个工作由一个人单独完成。

表 4.1　清理鱼的过程

任　　务	时间	标准差
(1)拿起刀子	t_1	σ_1
(2)将鱼腹切开,并在鱼头后切一刀	t_2	σ_2
(3)把刀放下	t_3	σ_3
(4)取出肝脏扔到篮子里	t_4	σ_4
(5)切下鱼头和内脏,并扔掉	t_5	σ_5
(6)除去鱼的脊骨,把鱼放进盐水桶中	t_6	σ_6

因此，总的周转时间和标准差为：

$$T = \sum_{i=1}^{6} t_i$$

$$\sigma_{TOTAL} = \sqrt{\sum_{i=1}^{6} \sigma_i^2}$$

表 4.2 显示了将相同的工作分配给三个工人后的情况。这样做直接消除了处理每条鱼时拿起和放下刀子这两个动作的

浪费。

表4.2 分工后清理鱼的过程

任　　务	时间	标准差
第一个工人：(2)将鱼切开，在鱼头后切一刀	t_2	σ_2
第二个工人：(4)取出肝脏扔到篮子里	t_4	σ_4
第二个工人：(5)切下鱼头和内脏，并扔掉	t_5	σ_5
第三个工人：(6)除去鱼的脊骨，把鱼放进盐水桶中	t_6	σ_6

显然，不管每项工作总时间和标准差是多少，都有：

$$t_2 + t_4 + t_5 + t_6 + < \sum_{i=1}^{6} t_i$$

$$\sigma_2^2 + \sigma_4^2 + \sigma_5^2 + \sigma_6^2 + < \sum_{i=1}^{6} t_i \sigma_i^2$$

现在，福特所说的“放置零件的工人不用固定零件……放螺钉的工人不用拧紧螺钉”开始变得更有意义了。在加工每个零件时，拿起和放下工具都是不增值的浪费，而且它们会增加处理时间的波动。

但是，劳动分工有一个应该注意的地方。通过消除不增值的活动，劳动分工提高了每个工人的生产率，但是如果任务不平衡，就将会产生等待的浪费。在一个平衡的生产线中，每个人有相同的工作量。不会出现某个人的工作太多而落到别人后面的情况，也不会出现某个人因工作过少而不得不等待的问题。就像福特所发现的那样：“工人在工作中必须做到有条不紊，合理安排每秒钟，绝不浪费任何时间。”[3]因此，每项工作需要的时间应该相同。

在清理鱼的例子中，曼纽尔可能有过多的工作要做，因为他不得不弯腰去抓起每一条鱼。这意味着杰克和萨特斯大叔可能在等待鱼传递过来的过程中浪费了时间。但从另一方面来说，如果重新设计鱼围栏的高度以消除停顿，那么曼纽尔把鱼传给杰克的速度就太快了。用约束理论的术语来说，就是将瓶颈的产能提升到某一水平从而不再是瓶颈时，一定会产生一个新的瓶颈。在这个例子中，杰克要为整个操作设定节奏。如果杰克的桌子上有两条鱼等待处理，曼纽尔就应该停止工作；只有当“看板区域”中只有一条鱼或者没有鱼时，他才把鱼切开并扔过来。

实际上，管理不平衡的生产线要比管理平衡的生产线更容易，因为瓶颈为整个过程设定了节奏。在鼓—缓冲器—绳子生产控制系统中，瓶颈只需要与第一个操作（或者生产起始点）进行沟通，而中间的工序还是按照自己的节奏生产。为了确定这种情况是否适当，只要看一下这种不平衡是否浪费了机器或者工人的时间。工人不应该生产无用的库存，但是，与走过去取零件或者工具相比，工人们等着工作不会得到更多的工资（如亨利·福特所指出的）。这个观点说明，即使设备的工作不平衡，也应该平衡工人的工作。在日本的生产线中，工人的工作比机器的工作还要多。

“煮锅式”生产线（在本书第2章中讲过）可以将工人和工件一起移动，也可以保持工人的时间被完全且有效率地利用。这样既不浪费他的时间，因为他不用等待工件的到来，也不存在工作量超过其能力范围的风险。这样做的缺点是：其中可能会存在一些不增值的工作，如工具的拿起和放下，就像前面所描述的那样。同样，假设清理鱼的过程是平衡的，这些人可能会根据音乐的节奏工作，就像前面描述的领唱号子的水手所做的那样。

对工作进行重新设计以减少波动和不增值的动作有助于你“每次都掷出6点”，但是明智的生产计划更加重要。“价值流分析”有助于找出不增值的活动，这些活动（就像清理鱼的例子中描述的那样）增加了周转时间和处理的波动。

4.2 价值流分析

价值流分析（value stream analysis）需要与7种传统的问题解决工具之一——流程图结合起来使用（其他问题解决工具包括计数单或者检查单、柱状图、帕累托图、统计过程控制图、散点图和鱼骨图或因果图）。约翰·赫拉德斯基（John Hradesky）[4]推荐使用下列符号绘制价值流图形：

- 圆圈 = 操作（处理）
- 方块 = 100%检查
- 箭头 = 运输
- 倒三角 = 存储

在用计算机制作流程图时，菱形一般被用来表示决策，在过程流图中，菱形则表示对产品进行了何种处理，这要根据产品的状态而定。例如，不合格的产品可能会被送回返工。但是要注意，只有用圆圈（处理）表示的操作才增加价值，其余的一般应该被认为是必要的（就是说辅助增加价值）或不必要的“浪费”，因为它们会增加工序的周转时间和时间的波动。

即使是流程图中的圆圈也不能保证其表示的活动是增加价值的。在20世纪10年代或20世纪20年代早期，福特汽车公司的轮轴制造涉及热处理工序，后面紧跟着一个校正操作，以矫正热处理中的变形。因为这两个活动都对产品进行了改变，因此应该用圆圈表示，并且工厂的员工也可能认为它们是增加价值的。但事实上，矫正操作完全是返工，因为它纠正了前一操作中固有的问题。工厂最终除去了校正操作，通过引进离心淬火机，来保证车轴经过热处理后可以均匀冷却[5]。

1. 工作流分析

汽车工业行动组织（AIAG）将工作流分析描述成一种简单易用的价值分析方法[6]。对任务进行界定，然后以合适的顺序排列（这符合基本的流程图）。然后，每一项任务或者活动被归为下面几类中的一类：

- 操作：改变工件的活动
- 运输（不增加价值）
- 检查（增值辅助）
- 延迟或者临时存储（不增加价值）
- 库存（不增加价值）
- 决策（增值辅助）

一张表格中的一栏用于记录每项活动的时间，另一栏用来标记瓶颈活动或者浪费的活动。两个连续的运输箭头是潜在浪费的证据。AIAG 的说明中提供的例子包括下面的步骤："移过去接受检查" 和 "移动到检查工作台上"。这说明这个工件被处理了不止一次。在单件产品流中，零件每次都会直接被送到检查工作台上。

有趣的是，这个例子将 "接收物料" 定义为一种操作，尽管它没有改变零件的形式、状态和功能。实际上，这听起来像是不增加价值的工序，并且是一个瓶颈。在列出的 12 个步骤中，只有一个（将这个部件安装到发动机上）是真正增加价值的，两次检查是辅助增值的。如果需要数清和/或者校验物品的数目，那么将接收物料定义为检查或许更合适。

新乡重夫（Shingo）[7]引用了吉尔布雷斯的观点，即一道工序可以分为4种（而不是6种）类型的活动：

- 处理
- 检查
- 运输
- 延迟

这个合并看起来很吸引人，因为种类少了，分析起来更简单。AIAG的6种类型大致可以按下面的方式进行合并：

- 检查和决策可能都是建立在检查的基础上的，将它们都定义为检查（增值辅助）。
- 延迟、暂时存储和存储都可以归为延迟（不增加价值）。

吉尔布雷斯将人的动作分为18种类型，或者叫therbligs（对其名字中的字母重新排列得到的一个词），他认为，分为5种类型的系统可能是最好的——这并不是AIAG的6种类型和吉尔布雷斯的4种类型的折中，而是能够使浪费变得可见的最小类型数。18种基本动作中的8种涉及抓住和放开、寻找、选择和放置[8]。这些形式的操作尽管可能是必需的，但它们不改变零件的状态。这很重要，因为如果不是这样，这些处理会被看成是工序的一部分。举个例子，如果将夹住和松开与“工序”集中在一起，那么人们会认为它们是增值的，而不会再对其多加考虑。但是，如果这些活动被找出来并被单独进行分类，人们会想办法合并或者消除它们。一体化机器将能够通过一个“拿起—放下”循环变成几个增加价值的转化活动，我们将在本章后面讨论一体化机器。5种类别的系统是：

- 转化（增加价值的瞬间）
- 处理（增值辅助或者不增加价值）
- 运输（不增加价值）
- 检查（增值辅助）
- 延迟（不增加价值）

人们可以在办公室或者团队会议室中利用基本的流程图信息进行价值流分析。工作流分析需要活动时间，但是这是工业工程活动“必要的”时间。在很多例子中，这比跟踪生产线中的实际工件、精确地计算其生产时间更有指导性。

2. 周转时间核算

传统观念的“时间核算”将劳动力或者工时分摊到每个人的活动或者顾客身上，然后据此进行收费。本小节将讲解一个被忽视的但又很有价值的概念：零部件花费在工厂里的时间的核算。

如果某一个产品的生产过程总共需要1.5小时，那么为什么几天甚至几周后这个工件还在工厂中呢？几十年前，生产控制系统在工件进入和结束一个操作之间设置了一道“关卡”，因此没有提供很多关于时间分配的细节。现代条形码技术和无线射频识别技术（RFID）使得在整个工厂内跟踪每一个工件（至少是样品工件）并准确揭示工件在工厂内如何被加工成为可能。

为了实现这一目标，需要利用生产跟踪系统来给每一个工件加上一个秒表。从对一个工件进行的活动（不管是增加价值的还是不增加价值的）一开始就进行计时，直到该项活动结束停止计时。这时，秒表必须立刻开始下一个活动的计时。没有必要发明新的质量工具或者图表来显示这些信息，传统的甘特图（Gantt chart）就非常适用，如图4.1所示。但是，在这个例子中，甘特图不显示计划的活动时间，而是显示现实的活动时间。它的目的是让人们看到浪费的时间，并找出浪费的地点。

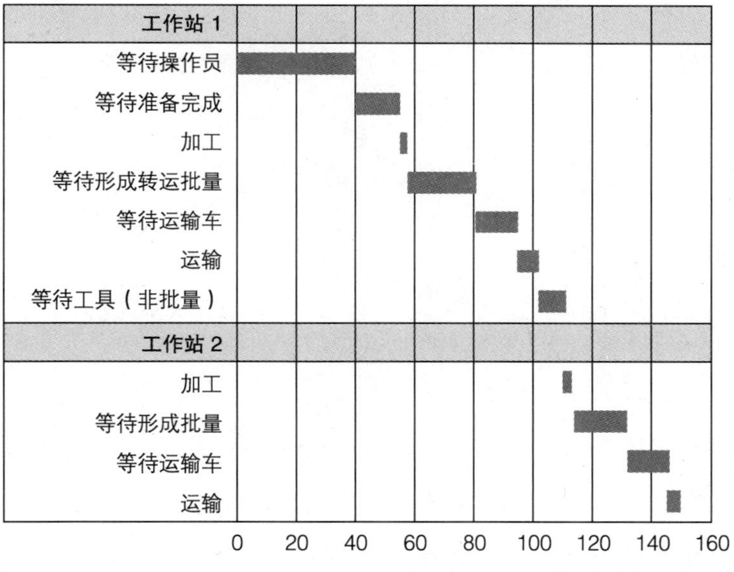

图4.1 显示现实活动时间的甘特图

这些横条可以用不同的颜色标识——例如，绿色表示增加价值的活动，如加工；黄色表示不增加价值的运输，在这个过程中工件实际上是从一个操作转移到另一个操作；红色表示等待。我们所熟悉的帕累托图是对这些统计量从大到小排列，也非常适合显示这类信息。这两种工具都有助于找出最浪费时间的工序。

在前面的例子中，“等待操作者”可能因为吃饭或者换班而导致停工。这应该不是一个问题，除了发生在能力资源约束环节，因为这个环节不能因为缺少工件或者操作者而闲置。发生这种情况的概率可能有1/10，因此应试将该路经中所有工件的结果平均一下。另一方面，“等待达到转移批量”和“等待工具”（因为部件是以批为单位到达的）都是不增加价值的，并且会导致周转时间波动和产品流的波动。

一旦找出不增加价值的周转时间，就可以用传统的问题解决技术加以解决。识别和除去这些问题发生的根源十分重要。列梅将军（General Curtis LeMay）指出，移除吸引苍蝇的肥料堆远比拍死苍蝇（每次出现问题时解决它）有效。“五个为什么”方法就是能达到此目的的一种方法。

3. “五个为什么”技术

大野耐一[9]和AIAG[10]提倡“五个为什么”过程。这种技术也被称为“刨根问底”（question to the void），即一直问为什么，直到不可能有任何进展为止。到这个时候，问题的根源可就能找到了。苏佩里（Antoine de Saint Exupéry）在《小王子》（*The Little Prince*）中提供了一个有趣并且容易记住的例子：

问：“你为什么喝酒？”
答：“为了忘记。”
问：“为了忘记什么？”
答：“忘记令我惭愧的事。”
问：“你为什么觉得惭愧？”

答："我惭愧是因为我是一个酒鬼！"

"五个为什么"技术通常被用于诊断质量问题，但并不是说它不能用在不增加价值的周转时间上：

问：这个工件为什么等了40分钟才开始在这台机器上进行加工？
答：没有操作者。
问：为什么没有操作者？
答：这是工人的午饭休息时间。
问：为什么所有的操作者都在同一时间吃午饭？
答：他们一直是这样做的。

解决这一问题明确而简单的方法是错开操作者的休息时间，以便总有工人操作这台机器。另一方面，如果第二个问题的答案是"唯一懂得如何操作这台机器的人正在吃午饭"，那么交叉培训就是一种明显的解决方案。

类似的"五个为什么"的例子可以用来检测和减少等待，这些等待与零件、物料或者工具的放置和移动有关：

问：为什么这些部件完成之后，还在车间停留了25分钟？
答：等待到达转运批量花费了这么长时间。
问：为什么我们必须积累到一个转运批量呢？
答：对于手推车或者叉车来说，搬运小批量是不经济的。
问：为什么部件一定要用手推车或者叉车来运输？（也可以是"不同工作站的小批量零件能一起用手推车或者叉车来运输吗？"）
答：这些工具的距离没能近到可以使用传送带或者供料台的程度。

问：为什么这些工具的距离不能近到可以使用传送带或者供料台的程度？

这时，答案可能是工具是“永久性的”，不能移动，因为这些机器需要特殊的环境等。但是，如果唯一的答案是钻孔机都在钻孔车间，那么就可能需要以工作单元的形式重新布置这些工具了。

“五个为什么”的关键是调查者不认为当前的情况是理所当然的，或者接受“我们一直是这样做的”或者“本来就是这样的”之类的解释。这些解释真的是一种思维惯性所产生的自我限制。例如，当看到农民一直用桶来搬运水时，亨利·福特马上就问他们为什么，而不是认为这种习惯是理所当然的。如果农民的回答是“没有管子送水”，那么他差不多就找到这个问题的解决方案了。

4.3 单件产品生产

精益生产学说努力实现单件产品生产（single-unit processing），因为它可以促进流动。本节将介绍它在降低波动性中的重要性。第 2 章中介绍的活塞式流反应器（PFR）解释了连续流在生产中的优势。批量处理增加了周转时间和波动，并且不符合统计过程控制和工程过程控制。批量处理中统计过程能力的计算，在多数讲述统计过程控制的书中都没有涉及。与单件产品生产相比，批量处理的统计过程能力计算更加困难，可靠性也不高。接下来的部分将讨论发生在工厂中的批量处理，并分析它的效果，然后介绍几种选择。

1. 处理批量和转运批量

霍普和斯皮尔曼指出，实际上有两种批量：处理批量（process batching）和转运批量（transfer batching）[11]。顾名思义，处理批量指的是一次处理的产品集合。“分批处理”可以是平行的，意味着车间同步处理这些产品。熔炉和电镀池等设备就是这样运转的，而正是“平行批量”（paralell batch）使得统计过程控制变得复杂，这一问题将在本章的“平行批量处理更难控制”中介绍。

“串行批量处理”（serial batch）是指一批零件中的每个零件依次分别进行处理。在工件被运到下一操作之前，整个处理过程必须完成，而不能单独转运每个零件，因此串行批量处理会增加周期时间。“批量分解”（lot splitting）是在等待整个处理过程的完成和运输单个零件之间的一种折中。如果车间主管不想“打破调试时间”，而想通过快速换模技术（SMED）来缩短整个处理时间，那么应该鼓励使用串行批量处理。

“转运批量”是指在将零部件送往另一个工作站之前，需要积累一定的数量。实际上，这是卡车运输不够整车（LTL）发货的情况在工厂内部的一种体现。半空的卡车或者工厂内部半空的叉车和搬运车频繁的运输增加了单位产品的处理成本，但等待满载的过程增加了周转时间，而且批量也会引起波动。在不断移动的装配线中，转运批量不是一个问题，这里的转运批量是单个产品。

新乡重夫[12]描述了“工序延迟”（process delay）和“批量延迟”（lot delay）等相关概念。工序延迟是指当设备忙于生产一批零件时，另一批零件不得不等待。批量延迟是指同一批产品中，当一个正在加工时，其余的都不得不等待。没有完成的产品等待被加工，而完成的产品要等待同批内其他产品的完工。新乡重夫补充说，工序同步（如节拍时间和生产节奏）可以用于解决工序延迟的问题，但是解决批量延迟的唯一方法是在加工、运输和检验活动中实现单件产品流。

接下来的部分将说明批量处理的几个缺点。

2. 批量增加了周转时间和波动

串行批量处理不一定会增加周转时间和波动，但是平行批量处理会使二者增加。它们要求零件在批量加工设备前等待达到一定的批量（如图 4.2 所示），并且/或者经过批量设备加工后，又要在单件产品处理设备前等待。

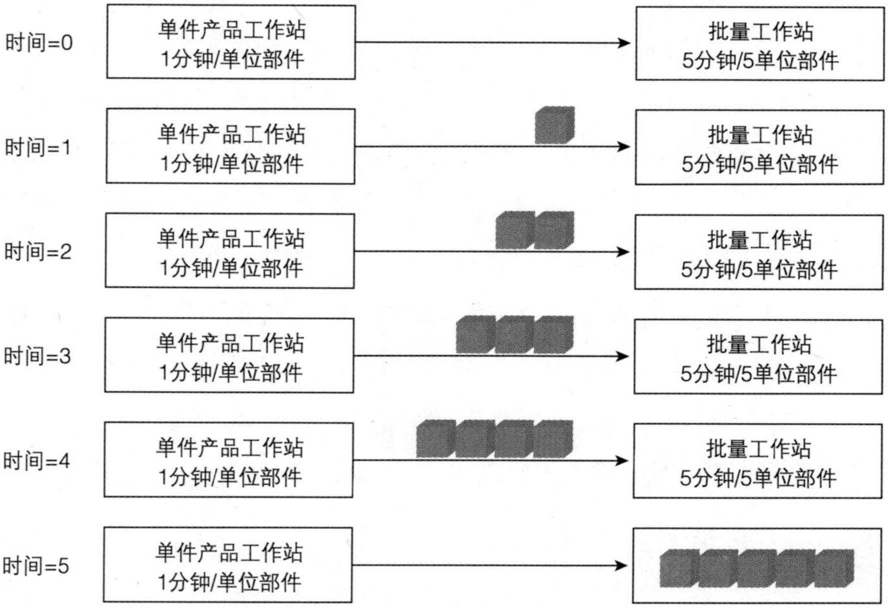

图 4.2 等待达到一定的批量

这种情况的一个例子是机场巴士，这些巴士将乘客运送到汽车租赁代理那里。汽车租赁人员都是“单件产品处理机”，每人每次只能接待一名顾客。如果一辆大巴带来了12名顾客（一批），那么多数人都要排队等待。当很多零件同时从批量处理设备（如热处理烤箱）中出来，到达一台单产品处理设备（如一台加工设备）时，也会发生同样的事情。

霍普和斯皮尔曼讨论了“共享搬运车”（car sharing）的方法，这种方法允许生产相同产品的工作站共享搬运车或者手推车，来接收进给物料，运出产成品[13]。彼此距离比较近的汽车租赁公司也可以考虑采用类似的技术：尽管它们是竞争者，但也可以共享其机场巴士。这样，6辆共享汽车可以每10分钟发车一次，而在3辆汽车的情况下，要20分钟发车一次；6辆汽车平均运到各个代理处的乘客数量是3辆汽车时的一半（如图4.3所示）。这种方法的作用是在不需要增加任何汽车的情况下，使顾客的到达数更加均匀。此外，对于顾客来说，与缩短的等待时间相比，汽车要在两个代理处停车（而不是一个）的时间损失应该少一些。

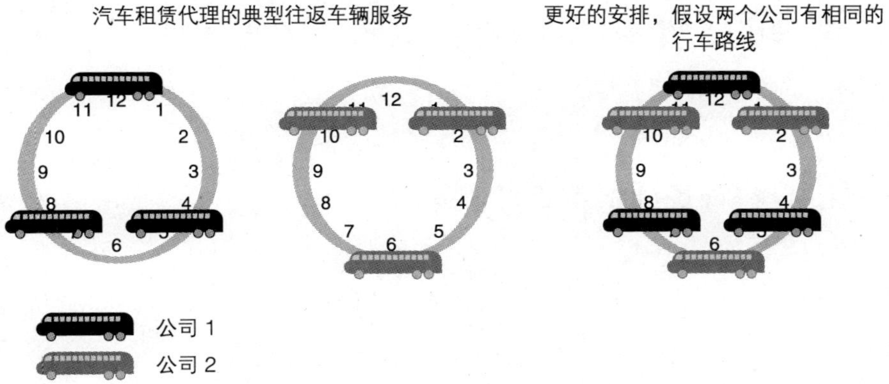

图4.3　为汽车租赁公司平滑客户到达率

如图4.2所示，$t=1$时单件产品车间完成的第一个工件直到$t=5$时才能进入批量处理工作站，所以它等待了4分钟。第二个必须等3分钟，以此类推。总的等待时间是$5+4+3+2+1=10$分钟，即5个工件平均每个工件的等待时间是2分钟。实际上，当批量处理工序要求一批包括n个零件，而这n个工件来自处理时间为t的单件产品处理工序时，增加的周转时间为$t\sum_{i=1}^{n-1}x=\frac{n(n-1)}{2}t$。因此，平均每个工件多出的时间为$\frac{1}{n}\frac{n(n-1)}{2}t=\frac{(n-1)}{2}t$。如果工件向其他方向流动，当5个工件同时到达每次只能处理一个工件的工作站时，也会有类似的情况发生。

高德拉特和考克斯在《目标》中指出，没有必要等到满载，除非平行批量处理中的一个操作是瓶颈，因为在这种情况下，少于满载会浪费产能，而且是无法弥补的。但显然，成批处理经常增加不增值的周期时间。

亨利·福特意识到，高峰时间以及所有与其相关的交通问题都是“成批处理”造成的，因为很多人同时到达或者离开。因此，他没有以倒班制运营他的工厂，而是将到达时间和离开时间以30分钟为间隔错开，这样在一整天中，都会有工人到达和离开。

3. 平行批量处理更难控制

传统的统计过程控制假设过程服从$N(\mu,\sigma^2)$，即服从均值为μ、方差为σ^2的正态分布。在这种情况下，n个样本平均值的控制限为$\mu\pm3\frac{\sigma}{\sqrt{n}}$。样本标准差或者样本范围的控制限也很容易理解，这两个统计量都反映了工序的波动情况。过程能力指数用来衡量工序达到控制上限和控制下限的能力，其计算公式为 $Cp = \frac{USL - LSL}{6\sigma}$，它是规格限与过程方差的比值。但是，批量引入了批与批之间的方差，这一点也必须要考虑到。

每批的均值服从分布：

$$\mu_{batch} \sim N(\mu_{process}, \ \sigma^2_{between\_batch})$$

那么，给定的一批工件中每个工件应该服从：

$$x \sim N(\mu_{batch}, \ \sigma^2_{within\_batch}) \Rightarrow x \sim N(\mu_{process}, \ \sigma^2_{within\_batch} + \sigma^2_{between\_batch})$$

因此，有：

$$Cp = \frac{USL - LSL}{\sqrt{\sigma^2_{within\_batch} + \sigma^2_{between\_batch}}}$$

其中，*USL* 和 *LSL* 分别表示规格上限和规格下限。

同一批中 n 个工件的平均值服从：

$$\bar{x} \sim N(\mu_{process}, \ \frac{\sigma^2_{within\_batch}}{n} + \sigma^2_{between\_batch})$$

那么，在 x-bar 图中的控制限为：

$$\mu_{process} \pm 3\sqrt{\frac{\sigma^2_{within\_batch}}{n} + \sigma^2_{between\_batch}}$$

电脑可以处理更加复杂的计算，尽管其原理可能使得车间操作层的人员感到迷惑。一个不可避免的问题是能力指数巨大的不确定性，因为这些指数都依赖于对波动的准确估计。如果没有30个测量值作为基础，关于过程能力的研究是没有意义的，100个或者更多的测量值会更好。要得到一个关于批量间方差的不太精确的估测，就需要30批（不是单个工件）或者更多。

经常用于化工行业的自动过程控制在处理批量过程时也变得更加困难。连续流动的化学工艺设备比批量设备更容易控制，热处理炉也是如此。经典的田口稳健设计（Toguchi robust design）问题涉及用于烧制瓷砖的窑。在窑内的瓷砖中，外面的瓷砖先达到合适的温度，而位于里面的瓷砖后达到这一温度，这就像烧一大块肉时，外面的烧熟之后，里面的还可能是生的[14]。在瓷砖的例子中，这一情况可能会影响最终质量，也可能不会，但是对于制造来说，一个基本的前提是所有的工件都应该经历相同的处理条件。实际上，对于解决这一情况所导致的质量问题，田口稳健设计是很有必要的（这意味着改造瓷砖，使得它们对于窑内温度变化不那么敏感）。

4. 批量处理的替代选择

带式炉是一种单件产品处理形式，在带式炉中，工件放在传送带上通过加热区域，这就使得过程波动大大减少。90多年前，福特的高地公园工厂就采用了这种方法。

> 在厚钢板厂中，结束了轧制后的毛坯很硬，它随后立即被送到退火炉中在1500 ℉（816℃）下进行退火。钢板堆在6个可以推入退火炉的车上，共有900块毛坯，每辆车上有150块……这6辆车在晚上8点被推入退火炉，直到午夜12点才取出来，然后保持原状直到早上6:30，这

时，它们已经充分冷却，可以在引伸压力机上进行处理了[15]。

换句话说，退火炉接受了一个900单位的处理批量任务，用了4个小时来退火。这些工件还需要再冷却6.5小时才能在引伸压力机上进行处理。福特汽车公司早已非常熟悉单件产品流的优点，因为：

第一种退火方法将很快被废弃。正在建造的热处理炉有一条上下循环移动的链子，链子上装有放置毛坯的装置，当毛坯通过压模后，这种装置会将它们一一提升到60英尺（18.3米）高的批处理炉口中，并进行足够长时间的加热，然后悬挂在空气中，在送达下一道工序之前给予充足的冷却时间[16]。

现代技术为将批量处理转变成单件产品流提供了多种选择。感应淬火过程利用电场来加热工件，处理一个工件只需要几秒钟[17]。激光、高频电阻淬火、火焰淬火、电子束淬火都是可供选择的单件产品的热处理方法。

当工件只需要进行表面硬化处理时，可以使用这种技术，其余的工件还要通过其他方法来进行硬化处理。在高频电阻淬火中，高频电流在半秒钟内就可以将工件的局部表面温度提高到1600 ℉（870℃）[18]。这样，加热区周围的金属会使其快速冷却。该资料还补充说，表面硬化处理既可以加热整个工件，也可以只加热其表面，其周期时间“只有几秒钟，机器可以完全实现自动化”。

单件产品热处理设备一般可以与其余的处理设备并排放置（如在一条装配线或者工作单元中），这样就不必将工件运到或者运出位于工厂某个地方的大批处理炉。90 多年前，福特的高地公园工厂中就建立了这种规则，从将钎焊炉放置在装配线中就可以看出这一点。

> 但是，福特的大部分工程师都开动脑筋来缩短工件在工厂车间内的移动距离。首先，他们将机器设备集中起来，比我所看到的任何工厂的机器设备都要集中。接着，为每一个汽车部件（不论是整体的还是组装的）寻找尽可能短的路径。然后，将所需的生产设备或者直接安置在最短的路线上面，或者尽可能接近这条线，甚至将焊接设备也设置在最能节省工件移动距离的路线上[19]。

加拿大电锯生产商 Omark 公司采取了另一种方式，它选择不需要热处理的钢铁。但是，热处理并非唯一需要批量处理的工序。人们总是希望让那些调试准备时间很长的设备进行大批量生产。在下面一节中我们将介绍如何应对这个问题。

4.4 快速换模具

众所周知，经济订货批量（economic order quantity，EOQ）的公式是 $Q^* = \sqrt{\frac{2DS}{H}}$，其中，$Q^*$是最佳订货批量，$D$ 为需求，S 为生产调整成本，H 为库存持有成本。海泽（Heizer）和兰德（Render）引入了一个类似的生产订单数量模型（production order quantity model）[20]，但在两个模型中，最优批量大小都与生产调整成本的平方根成比例。如果生产设备的生产调整成本是以时间来衡量的，那么很明显，较长的生产调整时间鼓励人们以大批量的方式进行生产。这就是为什么制造管理者一般会讨厌“停止正在生产的产品”而生产另一种产品的想法。

这就是为什么单件产品处理和混合模式（A-B-C-A-B-C）生产需要极短的生产调整时间，这可以通过快速换模具（SMED）来实现。这个名字有点欺骗性，因为它也可以应用在不涉及模具的工序中。其目标是通过更快地调整机器以及将部分调整外部化来最小化不增加价值的生产准备时间。“内部调整准备”是指需要机器停下来的准备工作，而“外部调整准备”是指当设备忙于其他工作时可以进行的准备工作。尽管快速换模这一方法与新乡重夫的联系最为密切，但早在近一个世纪之前美国制造商就已经开始使用了。

> 在我们熟悉的某个车间，在一个工件上钻几个不同大小的孔，用一种夹具来定位这些孔。钻孔的钻头放在工人的工具箱里。关于这项工作的时间研究揭示出几个有趣的事实。第一，这个工件钻孔之后，设备停下来，在工人将工件从夹具中取出并更换新工件的过程中浪费了时间。这可以通过提供另外一个夹具来补救，当一个工件被装在第一个夹具中钻孔时，在第二个夹具上安装零件，当第二个夹具装到机器上后，钻完孔的第一个零件被取下来，并开始对第二个零件进行钻孔[21]。

我们引入一个重要的精益生产的概念：“在增加价值的时刻之间，有太多的浪费（muda，通常指时间的浪费）。我们应该努力设计一系列工序，在这些工序中，我们可以只关注每个增加价值的过程，而消除中间的停顿。”[22]我们可以借助冲压机来想象这个概念，每加工一个部件机器都会发出“砰”的声音。这是增加价值的时刻，其他所有的时刻都是浪费，如将工件运到或者运离冲压机。

日本人非常熟悉高尔夫球，它为我们提供了解释这一概念的另一种方法。按照斯坦德（Standard）和戴维斯（Davis）的说法[23]，高尔夫球棒实际接触球的时间只有0.02秒，其他活动都是在为这个极短的价值增加时间做准备，这些活动包括交通（行走或者乘坐高尔夫球车）、等待、调整准备（举起球棒）。在长达4个小时、90杆的高尔夫球赛中，高尔夫球棒（工具）接触球的时间一共只有1.8秒。高尔夫运动的目的是锻炼和娱乐，而且走路对身体也有好处。但是，工厂是要挣钱的企业，所以消除不增加价值的运输和等待时间是很重要的。

霍普和斯皮尔曼指出，当设备正在满负荷运行或者接近满负荷运行并且没有过剩的产能时，从浪费时间的角度讲（可以理解为边际收入），调整准备的代价非常高[24]。用约束理论的术语来说，即在一个瓶颈环节停工为生产其他零件进行调整的代价高昂，但是在其他环节进行调整的成本基本为零。这意味着，在非瓶颈环节，通过混合生产来平滑生产流的成本很小或者为零。

如前所述，美国公司在20世纪初就开始应用快速换模技术。然而，其根源可以追溯到更久远的时候，当时增加价值的活动就是子弹从黑火药枪中射出时的一声巨响。

1. 快速换模技术的军事起源

很多精益生产的原则都是起源于军事。这并不奇怪，因为当有人向你射击时，你一定会想出一种有效的办法进行还击。只有在向敌人开火时，士兵们才创造了价值；与此相比，在冲压机的例子中，我们可以用“砰！”这种声音来描述其增加价值的活动。群射需要一些准备，其他任何事情也一样。动作效率（motion efficiency）之父弗兰克·吉尔布雷斯（Frank Gilbreth）描写了他对于军事操练的观察，这激励他将同样的原则运用到民用产业中。

> 美国政府已经投入了数百万美元，动用了最优秀的人才，对动作进行研究，并将成果应用于战争中；从实用的角度看，刀剑、枪以及刺刀的刺杀动作已经非常的完美。这一研究也应该被应用在和平年代[25]。

19世纪中叶之前普遍使用的从枪口装子弹的火枪和来复枪的装弹操练可能大大激发了吉尔布雷斯的灵感。多数人可能会有这样一个印象：一个人戴着浣熊皮的帽子，从装火药的角质容器中按量取出火药，然后灌入枪筒里。猎人可能使用过这种方法，但如果他们没有射中猎物，在重新装好子弹之前，猎物可能早已逃出射程之外了。当射击目标进行还击而不是逃走时，这个过程就显得太慢了。

按量取出火药是一个“内部调整准备”，因为在做这件事情时，枪手不能再做别的事情。早在火绳枪和滑膛枪时代（16世纪和17世纪），军队就已经认识到这一点，为每个士兵分配了木质管状的火药筒，里面装有事先分配好的火药。事先分配可以使生产准备中的这一部分工作外部化，使得步兵能够更快地开火。

枪手在填好弹药之前，必须将燃烧的火绳从枪机处移走，除非他愿意冒着底火在他手中爆炸的危险。然后他要将火绳放回到枪机处，才能开火。这里又有一个内部生产准备的例子，因为有问题的工具需要停工。燧发枪通过在射击时不用明火源而消除了这部分准备活动。

燧发枪时代的纸包弹药筒也可以减少准备时间。士兵先咬开火药包，因为这比用手撕开要快。他将一些火药倒入药锅中，然后将剩余的火药填入枪筒中，接着用推弹杆将弹丸和纸（填塞物）推入枪膛。这使得每分钟内开火4次甚至更多次成为可能。

但是，推弹杆本身又造成了另一个问题。从插槽中拔出和推入，就增加了装子弹过程中不增加价值的准备时间。电影《夏普的来复枪》（*Sharpe's Rifles*）中描述了一种不大可能实现的准备时间减少技术：将子弹放入枪筒，然后用枪托猛击地面，这就不用拔出和推入推弹杆。这种方法可能适用于Tower滑膛枪（燧石枪），但是用这种方法来装Baker来复枪的子弹可能是行不通的。此外，即使是对于Tower滑膛枪来说，也有潜在的危险，因为像这种从枪口装子弹的武器，如果不能将子弹放置在火药装载处，则可能会导致开火后枪管爆炸。虽然这种技术不能使枪支高效地工作，但它还是带给我们这样的经验：通过消除不增加价值的活动来取得竞争优势。

但是毫无疑问，每个武器设计者都梦想着能将Tower滑膛枪容易装子弹和高开火率的特点与来复枪的准确度结合起来。问题是子弹要从宽松的入口进入，并且从紧密的出口射出。克劳德·米尼（Claude Miniè）上尉于19世纪40年代提供了解决方案。在一支从枪口装子弹的来复枪中，轻敲推弹杆，将尾部有空洞的米尼子弹（Minié bullet）推入枪中，火药发火所产生的力量会使子弹的尾端撑大，这样子弹就会紧密咬合来复枪膛了。

同时代的德雷泽步枪（von Dreyse rifle）从后膛装子弹，这样就完全消除了推弹杆的必要。弹药筒自带底火帽，所以士兵在开火前不必再装填底火。在枪支设计的改进中，利用的原则与快速换模技术有些类似，表4.3显示了新技术如何消除不增加价值的生产调整。相同的思想也被运用到制造甚至服务运营中。

表4.3 枪支的进化和准备步骤的消除

<table>
<tr><th>火绳滑膛枪</th><th>燧发枪</th><th>德雷泽步枪</th></tr>
<tr><td>将燃烧的火绳从枪机处移走</td><td>使击锤处于半待发状态</td><td>拉开枪栓</td></tr>
<tr><td>取出底火药瓶</td><td>从子弹袋中取出纸包火药筒</td><td>从子弹袋中取出独立的弹药筒</td></tr>
<tr><td>打开火药瓶，填满药锅</td><td>撕开或者咬开火药筒，把一些火药倒入药锅中</td><td rowspan="7">将弹药筒放入后膛</td></tr>
<tr><td>取出提前装好的木制弹药筒</td><td rowspan="3">将剩下的火药装入枪筒中，将弹丸和纸推入枪膛。</td></tr>
<tr><td>将火药装入枪筒中</td></tr>
<tr><td>从子弹带上取出子弹，装入枪筒</td></tr>
<tr><td>拉出推弹杆</td><td>拉出推弹杆</td></tr>
<tr><td>将弹药装好</td><td>将弹药装好</td></tr>
<tr><td>将推弹杆放回原位</td><td>将推弹杆放回原位</td></tr>
<tr><td>更换枪机上的火绳</td><td>使击锤处于全待发状态（比把火绳放在枪机处快得多）</td><td>关上枪栓</td></tr>
<tr><td>武器准备好开火</td><td></td><td></td></tr>
</table>

其他快速换模技术包括利用开口螺纹螺栓（split-thread bolt）和快速固定法兰（quick-clamping flange）来快速连接工具。其中第一种似乎起源于19世纪枪炮后膛塞的创新设计，其目的就是“快速准备”。

2. 开口螺纹螺栓和快速固定法兰

后装式大炮是武器设计者自发明了黑色火药后的一个目标，在中世纪就有简单的后装式的例子。19世纪，在断续螺纹（interrupted-thread）炮栓发明之前，后膛气密封口是一个实际的障碍。这就是说炮栓只要转动1/6圈就可以关闭，而不用拧进去——而完全拧进去的过程可能与从枪口装子弹需要同样长的时间。

> 法国人决定要从后膛装子弹，他们采用了旋转螺纹式塞子，除去了引起 Armstrong 枪中所有问题的独立的后膛塞。螺纹塞的旋出和旋入需要的圈数非常多，而一个符合逻辑的改进只需要 1/6 圈就可以旋紧塞子，并且完全保留了螺纹塞的作用[26]。

这个例子再次强调了这样一个观点：复杂问题的解决方案只有在进行回顾时才会变得明显。因此，我们不能想当然地认为一件工作或者一个过程没有改进的余地。

断续螺纹或者开口螺纹螺栓（如图 4.4 所示）只转动 1/4 圈或 1/6 圈就能夹紧工业设备，它也用了同样的原理。在用螺栓固定一个模具或者其他工具时，有的必须旋转 12 次甚至更多，而有的只需旋转 1/4 或者 1/6 圈，二者的区别是很大的，正是这种想法才使得生产准备时间大幅缩短。

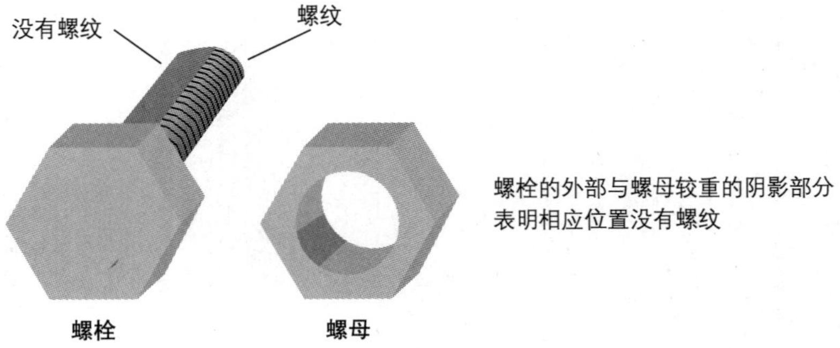

图 4.4 断续螺纹或者开口螺纹螺栓

减少固定螺栓所需旋转圈数的另一种方法是采用一个有梨形孔的夹具。螺栓总是停留在母螺纹中。为了紧固一件新的设备，“梨”的较大部分与螺钉的头部相符。一个很短的滑动将“梨”的较窄部分移动到螺钉头部的下面，只要拧一下一般就能够固定组装部件了（如图4.5所示）。

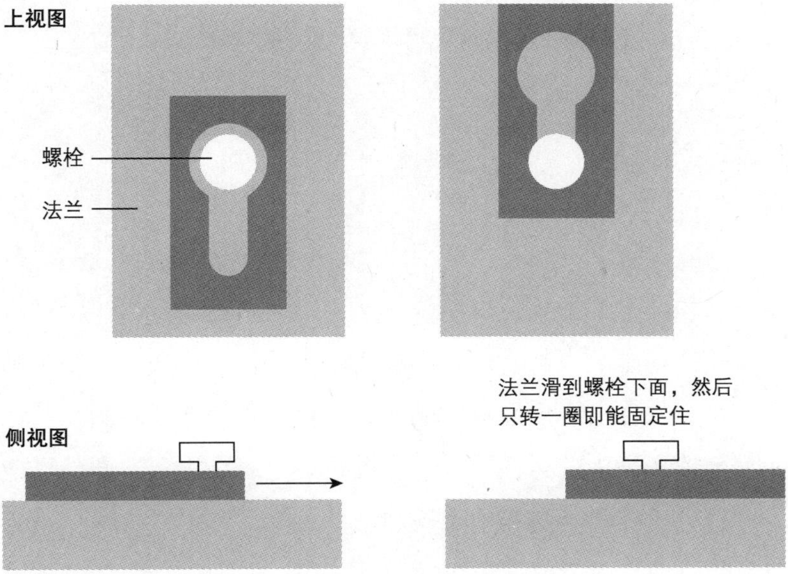

图4.5 快速固定法兰

综上所述，快速换模的关键概念是：（1）将内部生产准备转变为外部生产准备；（2）将涉及夹紧和固定工具的所有不增加价值的动作最小化。本节介绍了单件产品处理的优点以及减少批量生产需求的技术。下一节将介绍工作单元和一体化机器，它们也有助于缩短处理时间、降低处理时间的波动。

4.4 工作单元和一体化机器

本书在前面介绍了90多年前福特汽车公司是如何布置其处理设备以使它们尽可能紧凑的。这样做是为了使工件直接从一个车间移动到下一个车间，而不需要存在生产线之外的储存区域，甚至不需要用手推车来实现厂房内的运输。运输和存储增加了周转时间（浪费）和时间的波动，使企业不能 100% 地利用产能。在估算一个工件必须经过的路程长度时，得式线路图（Spaghetti diagram）是一种被人们认可的分析工具。

1. 得式线路图

连环画《家庭马戏团》（*The Family Circus*）讲的是一个男孩经常为了到达隔壁的房子而跑遍附近的区域，看过这部搞笑连环画的人都会理解得式线路图的价值。我们用线条画出某个工件在工厂内经过的路线，就得到了得式线路图。就像在这部连环画中的男孩一样，在到达装运码头之前，部件可能会经过数千英尺（甚至有几英里）。

海泽和兰德用下面的方法量化了与得式线路图相关的成本：成本 = $\sum_{i=1}^{n}\sum_{j=1}^{n}X_{ij}C_{ij}$，$C_{ij}$是指在不同部门 i 和 j 之间转移一批零件的成本，X_{ij}是指被转运的批数[27]。但是，在考虑移动工件的货币成本的同时，考虑周转时间成本也是很重要的。实际上，盲目地使用从前的衡量指标可能会导致不协调的行为，比如等到叉车或货车装满后才将工件运走。例如，与每次转运一批 20 件的工件相比，每次转运 10 件、分两次转运的账面成本要高出一倍，这使得人们都愿意采用批量和排队的方法，而不愿意采用单件产品流的方法。一般来说，最好是关注降低批量转运的成本（不管是时间成本、货币成本，还是这两种成本）以鼓励批量拆分，甚至是单件产品流。移动的装配线和工作单元通过将移动成本降低为零而实现了这一目标。

2. 工作单元

工作单元和一体化机器可以显著减少物料转运时间和随之而来的波动。差不多在100年前，美国企业家就发明了单元式制造，尽管当时不是这个名字。福特在其《我的生活和工作》一书中非常详尽地供述了单元式制造的原则，以及该原则在高地公园工厂的应用。福特的装配原则如下：

1. 将设备和工人按照操作的顺序排列，这样在工序的完成过程中，每一个零部件都可以移动尽可能短的距离。
2. 利用工件滑落装置或者其他形式的搬运工具，以便当一个工人完成其操作时，他总是将工件放到相同的位置——这个位置对他的手来说必须总是最方便的——如果有可能，用重力装置将工件移动给下一个工人进行加工。
3. 利用滑动式装配线，这样，等待装配的工件可以以合适的距离运输[28]。

尽管人们对福特汽车公司是否是精益生产概念的诞生地还存有疑问，但它很可能采用了别人更早之前就认识到的原则：

> 应该将每台机器联系起来，使得生产按直线的方式进行而没有混乱，只有这样，才能使操作达到最高的效率……在穆勒车床厂（Mueller Machine Tool Company）的车间里，空间得到了很好的利用，机器是按生产顺序合理排列的[29]。

甘特图的发明者甘特（H. L. Gantt）补充说：“在另一个

车间，机器被重新布置，以便将联合操作放在一起，这减少了运输时间。”[30]

为什么生产应该“按没有混乱的直线方式进行”呢？U型单元中，工件沿逆时针方向移动，这更符合人体工效学。当一名工人需要操作多台机器并需要在机器之间走动时，这一点尤其正确。但是，1911 年，设备的布置不得不排成一条直线，因为给设备提供电能的顶部动力输出轴是直的（如图 4.6 所示）[31]。实际上，正是亨利·福特为每台设备提供个体电动机以及这个方法的广泛传播，才产生了 U 型生产单元。虽然如此，至少在 1911 年之前，美国制造商就清楚地认识到按照生产顺序布置设备这一基本原则。

图 4.6　20 世纪初期的工厂，设备从顶部动力输出轴获取电力

有了这个发明，一个典型的工作单元就可以包含制造某一产品家族中任何部件所需的设备了：

就像工厂现在的布局一样，每个部门只生产一个部件或只装配一个部件。一个部门本身就是一个小工厂。部件以原材料或者铸件的形式进入，顺序经过各台机器和热处理或者其他机器，然后以成品的形式离开这个部门[32]。

因此，每个工作单元都具有如下关键特征：

- **所有制造该部件所需要的设备按照操作的顺序排列**。福特将焊接操作直接与其他操作排成一条线。这消除了将工件从单独的焊接车间移入和移出的运输需要。热处理通常是造成批量和排队的原因，但也可以并行进行。可能的方法包括高频电阻淬火、火焰淬火、感应加热、激光淬火和电子束淬火。
- **设备之间的距离足够短，工件可以通过滑动装置或者传送带移动，而不是需要叉车或者手推车运输**。就像在《勇敢的船长》中清理鱼的例子一样，这个方法消除了不增加价值的活动（运输），并且消除了相关的时间波动。

福特的工作单元只生产一种部件（尽管通过设计，只要更换模具，就可以生产其他零部件）。“成组技术”是指对工作单元进行设计使其能够制造零件族。“产品族”中的所有产品可以按照同样的顺序来生产，这意味着相同的工作单元可以生产所需的任何零件。成组技术和快速换模技术是相互促进的，因为快速换模使得工作单元可以从生产零件族中的一种零件转而生产另一种零件，但不会由于需要重新进行准备而引起人们的抱怨。

如果在一个工作单元中将所有必要的生产设备并排排列，那么这就是我们将在下一部分讨论的一体化机器，所有必要的操作都可以在一台机器上完成，这甚至可以省掉工件滑动传送装置、传送带或者导轨。

3. 一体化机器

“一体化机器”（unitary machine）将一个工作单元所有的操作都集中到一台机器上。福特列举了六角机床的例子，六角机床可以完成钻孔、铰孔、铣削等工序。“这样就消除了时间或者动作的浪费，但是零件被处理了两次——一次是作为粗锻件进入，一次是作为成品移出。”[33]注意工件只被处理了两次。将工件放入设备中，将它们安放在恰当的位置，这不会增加价值，并且在这一过程中，还可能造成工件的损坏。系统公司（System Company）进一步指出，对一个工件处理两次就像两次购买同样的材料[34]。本书认为，出于价值流分析的目的，“工序”应该分为处理工序和实际的增值操作，如机械加工。否则，处理的浪费就会被人们理所当然地认为是一道“工序”，从而不会想办法来改变它。

我们已经看到了军事要求是如何推进改善的，而且第一部一体化机器可能是一件武器：

> 加特林机关枪（Gatling gun，一种多管转膛机关枪）的子弹是随着枪管的旋转由凸轮逐渐送进枪膛的，然后在最低点击发，在向上旋转的过程中完成退壳、抛壳。枪管旋转到最高点时是空的，并为下一轮射击做好了准备。这个系统重要的优势在于它将机械活动在六个枪管之间分配，这样机械操作可以保持合理的速度，同时也使得每一个枪筒在两次射击之间都有时间冷却。
>
> ……某一枪管的撞针杆（plunger）从完全收回的状态开始。子弹落在撞针杆前面的凹槽中，随着枪管的转

> 动，撞针杆向前移动，将子弹推进枪管并击发，然后退出弹壳，并通过退壳机构将其射出去[35]。

这些描述清楚地显示出一体化机器背后的思考过程。实际上，加特林机枪比一体化机器更先进，它将“操作”分成了不同的要素。也就是说，不连续的工序如镗孔、铰孔、铣削、钻孔等在各自的工作站发生时，一体化机器必须暂停，但是加特林机枪在进弹、闭锁、击发和抛壳的过程中，机器和这些“部件”是连续运动的。

手动式加特林机枪每分钟可以发射600发子弹，而在19世纪后期增加了电动引擎之后，加特林机枪每分钟可以发射3000发子弹，如果考虑到这一点，这种方法的优点就更明显了。还应该注意到的是，加特林机枪很少出现“卡壳”。这些“一体化机器”不容易产生中断。尽管将加特林机枪的原理运用到生产设备的设计上会很困难，但我们应该牢记这种方法。

回忆一下第2章中作为理想生产模型介绍的活塞流反应器。它与加特林机枪有些类似，因为每个单位——本例中为不同长度的圆柱形流体元素——从进入设备开始就进行连续处理。流体元素包含了所有必要的反应物，比例适当。流体元素就像是一个包含物料清单上所有原材料的成套原料包。随着液体元素在管子中的流动，反应（加工）不间断地进行。

第一个民用一体化机器可能出现在20世纪初期。阿诺德（Arnold）和法罗特（Faurote）描述了他们在福特高地公园工厂见到的一个例子：

> 四臂分度夹具（four-arm indexing fixture）的顶端转向操作者……夹具的顶部是可以装卸的。由于这个夹具是圆形的（indexed round），活塞首先到达钻孔平台，钻出一

个毛孔。在第二个平台，在第二个活塞被钻孔的同时，对第一个活塞的毛孔进行镗孔。在第二个活塞镗孔、第一活塞铰孔的同时，第三个平台对第一个活塞进行铰孔。该夹具的下一道工序是将第一个活塞送到顶端，操作员将它拿走，并换上另外一个，从此时开始，随着操作员取走和更换活塞，所有的操作，包括钻孔、镗孔和铰孔，都会连续进行，省去了将夹具恢复原状并将其从一个位置转移到另一个位置所需的时间[36]。

工作单元、一体化机器和移动装配线（所有的活动都是根据操作顺序进行的）与部门或“农场”布局（所有的同类设备都放置在工厂的一个部门）相比存在着巨大的差异。部门布局（departmental layout）鼓励批量加工，这主要是为了便于零部件从一个部门转移到另外一个部门。无论是用叉车还是用手推车运输零部件，都是一种浪费。它需要人力，并且会增加处理的周转时间，所以应该尽可能避免。阿诺德和法罗特早在 90 多年前就清楚地认识到了这一点：

当然，看过上面的论述后，参观者就不会再期望在福特的车间里看到传统的机器设备布局的例子，即按照类别分组，将所有的车床、钻孔机、铣床、刨床分别集中放在一起[37]。

4. 产品族的专用设备

即使是在设备不能按照单元组织的车间中，单元式制造的概念也是很有用的。举例来说，当存在不能移动的设备或出于其他考虑而不能移动设备时，就会出现这种情况。

在这种情况下，可以让特定的工具专门生产某些产品（或者产品族）。然后，利用这些专用设备来加工产品，使得这些设备如同工作单元一样运转，尽管它们的实际位置并不邻近[38]。当然，唯一的问题是需要将工件从一个区域移动到另一个区域，这样就需要接受一定的转运批量和在制品库存。

小结：减少波动

本章介绍了很多减少加工和物料转运时间波动的方法。如亨利·福特所做的那样，劳动分工不仅可以消除不增加价值的处理活动，还能减少随之而来的波动。这样做的目的不是无意义地重复工作，而是为了让工人摆脱那些枯燥而又不会被支付报酬的活动。

对于增加加价值的活动、辅助增值活动和不增加价值的活动来说，价值流分析是一种完善的技术。AIAG 建议将活动分为6类，而吉尔布雷斯（Frank Gilbreth）则将活动分成了4类。本书建议最少将活动分为5类，才能使所有不增加价值的活动变得可见：（1）改变；（2）处理；（3）运输；（4）检查；（5）延迟。找出工人或机器拿起、放下工具的活动很有必要，这有利于防止将这些不增加价值的活动伪装成“工序”。

本书利用“时间核算”来衡量周转时间。利用“时间核算”的目的是使浪费的周转时间变得可见。如果工人们有95%的时间是站在那里什么也不干，这种工序设计肯定会使所有的商业人士感到不可思议，但是被加工的部件却常常因流程设计不合理而出现这种情况。

批量，无论是加工批量还是转运批量，会加剧时间波动。批量还会加剧加工的波动，使得统计过程控制更加困难。批量有很多缺点，实际上，它唯一的优点是方便物料的移动。移动装配线及类似设备致力解决物料移动的问题，所以只要有可能，工厂就应该努力实现单件产品流或者至少是小批量流。中断当前生产而为其他零件的生产做准备是造成连续批量生产的主要原因。快速换模技术有助于解决这个问题，并有助于实现不同产品的混合生产。

亨利·福特的移动装配线将加工某一产品所需要的所有工具连续摆放，而且各工具间的距离较近。这个方法使得单件流成为可能。而在单件流中，工件从一个设备转移到下一个设备的过程中时间损失减少。将需要的设备按照给定的路径排成一排，而不是分成不同的部门，这与分组技术是分不开的，因为在生产同一产品族的不同零件时，可能利用同一组设备。

福特将顶部动力输出轴换成了分别为每台设备工作的单个电动机，使得 U 形生产单元成为可能。在执行多种操作时，一体化机器只需对工件执行一次拿起和放下的操作，这是工作单元概念的延伸。

如果不能将设备放入一个工作单元中，可以用专用设备来专门生产某一产品族。这样，这些设备就可以像工作单元一样运转，但仍然需要移动物料。

第 5 章将讨论提高生产率（包括提高瓶颈的产能）和减少周转时间的方法。

注：

[1] Shakespeare, *Julius Caesar*, Act I, Scene 2.

[2] Ford, *My Life and Work*, p. 83.

[3] Ibid. , p. 82

[4] Hradesky, *Productivity & Quality Improvement*, p. 27.

[5] Levinson, *Henry Ford's Lean Vision*, p. 255.

[6] AIAG, CQI – 10: *Effective Problem Solving*, p. 193.

[7] Shingo, *Zero Quality Control*, p. 162.

[8] Robinson, ed. , *Modern Approaches to Manufacturing Improvement*, pp. 85 – 86.

[9] Ohno, *Toyota Production System*, p. 17

[10] AIAG, *CQI* – 10: *Effective Problem Solving*, A Guideline, p. 79.

[11] Hopp and Spearman, *Factory Physic*, pp. 305 – 306.

[12] Shingo, *Sayings of Shingo*, p. 162.

[13] Hopp and Spearman, *Factory Physics*, p. 598.

[14] Quality Council of Indiana, *Certified Six Sigma Black Belt Primer*, XI – 14 TO XI – 15.

[15] Arnold and Faroute, "Ford Methods and the Ford Shops," pp. 86 – 87.

[16] Ibid. , p. 0.

[17] Cubberly and Bakerjian, Tool and Manufacturing Engineers Handbook, pp. 41 – 18 to 81 – 21.

[18] Ibid. , p. 0.

[19] Arnold and Faroute, "Ford Methods and the Ford Shops," pp. 38 – 39.

[20] Heizer and Render, *Production and Operations Management*, pp. 582 – 583.

[21] Robert Thurston Kent, *Introduction to Motion Study*, by Frank Gillbreth.

[22] Imai, *Gemba Kaizen*, pp. 2 – 23.

[23] Standard and Davis, *Running Today's Factory*, p. 61.

[24] Hopp and Spearman, *Factory Physics*, p. 63.

[25] Gillbreth, *Motion Study*.

[26] Preston, *Battleships*, p. 24.

[27] Heizer and Render, *Production and Operations Management*, pp. 394 – 395.

[28] Ford, *My life and Work*, p. 24.

[29] The System Company, *How to Get More Out of Your Factory*, pp. 124 – 125.

[30] The System Company, *How Scientific Management is Applied*, p. 21.

[31] Ibid, p. 55.

[32] Ford, *My Life and Work*, pp. 83 – 84.

[33] Ford, *Moving Forward*, p. 130 – 131.

[34] *How to Get More Out of Your Factory*, p. 50.

[35] Hogg, Ian. *Guns and How They Work*, p. 63.

[36] Arnold and Faroute, "Ford Methods and the Ford Shops," pp. 208 – 209.

[37] Ibid. , pp. 38 – 39.

[38] See p. 441 of *Factory Physics* by Hopp and Spearman for more on this concept.

5 第5章 改善生产率

第4章结束时讨论了工作单元、移动装配线和一体化机器是怎样将需要的设备按照给定工序顺序布置的。这种方法消除了工件从一个部门（如冲压）移动到另一个部门（如研磨、铣削或者热处理）的过程中存在的浪费和波动。本章内容与第4章有些重叠，因为很多生产率改善技术也可以降低处理和物料转移时间的波动。本章首先会介绍动作的效率，接着将介绍生产线中的质量控制技术，如自检系统和防错技术，最后将分析供应链的作用。

阻力、浪费或者 muda 的概念是真正理解精益生产和生产率改善的前提。大量的浪费隐藏在显而易见的地方，因为人们已经习惯了在这种环境下工作和生活。

5.1 阻力

“阻力”（friction）这个词来自于克劳塞维茨（Carl von

Clausewitz）的《战争论》（*On War*）一书，它总结了浪费对军事行动产生的影响。

> 在战争中一切都很简单，但是就连最简单的事情也是困难的。这些困难积累起来就产生阻力，没有经历过战争的人对这种阻力是不会有正确概念的……由于受到预先考虑不到的无数细小情况的影响，一切都进行得不理想，以致原定的目标远远不能达到。
>
> ……雾妨碍我们及时发现敌人，妨碍火炮适时射击，并且妨碍我们向指挥官呈送报告。有时，雨使这个营不能来，使那个营不能按时到达（因为它的行军时间不得不由3小时延长到8小时），同时使马匹陷在泥里因而骑兵不能有效地出击等等[1]。

相同的原则可以运用到工业中，这里“阻力”的关键特点是它看起来很微弱（minor nature）。重大的报废和返工事件、错误的运输、灾难性的设备停工通常会引起注意，造成这些问题的原因也会被纠正。“阻力”通常不能引起人们的高度关注，因为人们已经习惯于在这种环境下工作和生活。哈尔平（J. F. Halpin）将“阻力”定义为“会引起工人的注意，但是没有重要到让工人去改变的小事”[2]。汤姆·彼得斯（Tom Peters）认为，“一些不值得麻烦老板的琐碎小事的积累”是造成错过市场时机的根本原因[3]。肖恩伯格（Schonberger）补充道：

> 有时候机器会出现故障，有时候必须去寻找工具，有时候装配工人会用错误的方法进行装配，有时候工件到达较晚，有时候蓝图会出现错误，有时候送来的部件不是需

要的——所有这些以及其他更多的问题都需要一系列代价昂贵的“解决方案”。它们并不是真正的解决方案，而是提供了与错误共存的方式[4]。

亨利·福特也说过类似的话：“正是这些小事情让人难以发觉——在没人注意到的情况下，人们做事的错误方法不断积累起来。但是，制造要十分关注细节，这些小事情不断发展，加在一起，就变成了非常大的问题。”[5] 亨利·福特的成功秘诀之一就是他能够一眼看出“阻力”和浪费。哈里·贝内特（Harry Bennett）描述了福特是如果认识到物料浪费的，而这些浪费被大多数观察者所忽视：

> 有一天，当福特先生和我在一起时，他发现铺在D. T. &I［铁路］下的矿渣中有一些铁锈。这些矿渣是从我们自己的熔炉中倾倒出来的。
>
> “你看，”福特先生对我说，“矿渣里面有铁。你让负责将矿渣放在这里的起重机司机将铁分拣出来，然后送回工厂。”[6]

福特对于浪费的敏感可能是因为他是在一个农场长大的，他有很多机会亲自观察浪费十分严重的农场劳动：

> 我相信，一般农民所花费的精力中，只有约5%真正用在了有用之处。如果有人像经营农场一样经营工厂，那么这个工厂将是一团糟。欧洲最差的工厂也不会像一般的农场那样差。能源的利用率处于最低的水平。不仅每件事情都是手工完成，而且很少能合理地安排工作。一位做农活的农夫可能会沿着一架摇摇晃晃的梯子爬上爬下很多次。他可能会多年挑水，而不会铺设几根输水管。当有更

多的工作要做时，他们唯一的办法就是雇用更多的人。他把投资在改进上的钱看成是一种损失。农产品最低的价格本应该更低，农场最高的利润本应该更高。正是浪费的动作——浪费的努力——使得农产品的价格高而利润低[7]。

换句话说，农夫已经习惯了存在浪费的劳动，如搬运许多桶的水，而不是安装输水管，因为他们确实完成了工作，而且没有立即进行变革的压力。另一方面，主动的管理者必须认识到在环境迫使他们改变之前进行改变的必要性。这意味着他们也必须理解“不明智的节约”这一概念以及它是如何导致“阻力”的。

5.2 不明智的节约

“不明智的节约”（false economy）是指现在节省几分钱会使将来损失几元钱，在很多企业，这是其无穷烦恼的原因。丰田定义了 7 种类型的浪费，本节也将对“不明智的节约”进行分类。我们利用典型的因果图对其进行分类：

- “不明智的节约”之一：购买廉价设备（机器），包括购买便宜但不能满足要求的仪器（量具）。
- “不明智的节约”之二：雇用廉价的员工（人员）。
- “不明智的节约”之三：廉价采购（物料）。
- “不明智的节约”之四：廉价的工作条件（环境）。
- “不明智的节约”之五：采用廉价的过程（方法）。

1. “不明智的节约”之一：购买廉价设备

有一句古老的格言说：穷人必须买质量好的商品。如果买了一双穿不了一年就会坏掉的薄底鞋子，富人可以再换一双，但是穷人却换不起。商业的成功来自于以穷人的角度进行思考：具体来说，就是任何工厂都承受不起浪费。例如：

> 要想在皮质传送带上少花钱，唯一的方法是购买由声誉卓著的企业生产的顶级传送带，然后以明智、正确的方法来使用和维护它。以比顶级产品价格低10%或者12%的价格购买传送带很容易，但那是用皮革边缘的材料制成的，有些地方会很薄而且很软，如果这些地方位于传送带的边缘上，那么在拉伸时受力就会不均匀。如果将一条长40英尺的传送带平铺在地面上，那么它不可能是直的。因此，它不可能在滑轮上稳定运转，如果把它用在锥形滑轮（cone pulley）上，那么它的边缘就会卷起，并很快成为废物。一条好的传送带可以使用一年而仍然保持良好的状况，而这种传送带用不了3个月就会坏。为了节省10%的成本而使用低于标准质量的传送带，这是“最不明智的节约”[8]。

“不明智的节约”的另一个例子是使设备低速运行，以此来延长机器的使用寿命。泰勒（Frederick Winslow Taylor）和怀特（Maunsel White）是伯利恒钢铁公司（Bethlehem Steel）的冶金专家，他们开发出一种钢铁合金，使得切削工具能够以更高的速度进行切削。泰勒指出，首要的目的是切削金属，而不是防止刀具的磨损。因此，绩效指标应该是单位时间内的金属切削量，必要时应该磨一磨刀具以达到这一指标[9]。

投资回报指标也会助长购买廉价设备这种“不明智的节约”。在传统成本会计条件下，投资回报率是用利润除以投资得到的。这种方法会鼓励工厂继续使用过时的生产设备，以避免投资于新设备而使分母增大。福特清楚地认识到，通过不投资购买新设备来“节省资金”通常是一种“不明智的节约”：

> 如果一台设备可以节省10%的时间，或者增加10%的产出，那么就可以增加10%的价值。如果一个工人的时间每小时值50美分，那么节省10%的价值就是每小时5美分。如果一座摩天大楼的拥有者的收入可以增加10%，那么他可能愿意支付收入增加的一半来知道如何做到这一点。他拥有一座摩天大楼的原因是：科学证明，以特定的方式使用某些材料可以节省空间，增加租金收入。一座30层的楼房与一座5层的楼房相比，并不需要更深的地基。对于拥有5层楼的人来说，其代价就是25层楼的收入。1.2万名员工如果每人每天少走10步路，加起来就可以节省50英里的路程[10]。

这就是福特汽车公司进行生产的原则。

2. “不明智的节约”之二：雇用廉价的员工

在20世纪的前期，科学管理和精益生产思想的发展与传播到达了顶峰，每一位明智的企业领导者都知道聘用低工资的工人代价高昂。亨利·福特清楚地说明了这个问题：

> 优秀的技能应该获利相应的报酬，对于这种技能，付

> 出多高的价格都不为过。建造一台精密的生产设备，然后希望由一些低工资的工人来操作，这纯粹是在浪费时间和金钱。
>
> ……仅仅因为报酬低就雇用工人，这样做与因为便宜而购买原材料一样，会很快毁掉公司[11]。

为了在自己的货船上配备最好的水手和船长，只要有必要，福特就愿意支付任何数量的工资，这是他的政策。福特在五大湖的矿石船几乎达到了乘坐客轮头等舱旅行的人的要求。福特解释道：

> 从整体来说，我们支付的薪水比别的地方支付的最高薪水还要高很多。我们从这些薪水中赚到了钱，因为实际上，支付给船员的工资并非十分重要——重要的是要看你能否最大限度地利用这一巨额投资，也就是货船……工资低但不负责任的人不会关心船的情况或者它将在港口停留多久[12]。

巴塞特（Basset）补充道：

> 我们都知道廉价的劳动力并不便宜……在物料成本高于人工成本的任何作业中，如果能够节省材料，或者生产出优质的产品，或者同时实现这两个目标，那么能够付出的最高工资也是最便宜的。当劳动力在生产中是一个重要因素时，如果人力的浪费能够降到最低，那么高工资就是经济的[13]。

想一想希望获得廉价劳动力对各国军队的影响是很有意思的，而军队通常可以推动民用产业提高效率。先是十字弓，然后是步枪，为军事指挥官提供了前所未有的雇用廉价射击部队的机会。长弓是一种需要高技能的武器，士兵需要经过几年的训练才能掌握技巧。相比之下，中士在任何城市都可以走进最低级的酒馆，每天花 1 先令要一杯廉价酒［威灵顿公爵（Duke of Wellington）称这种酒为“泥土泡沫”（scum of the earth）］，为他们国王的健康干杯。前面所提到的“泥土泡沫”（再用一次铁公爵的术语）可以卖给那些更体面的拿步枪的士兵，他们可以在指挥下大概地瞄准敌人。在长枪—火枪方阵（pike-and-shot）和骑马—步枪（horse-and-musket）时代，在主要的欧洲强国中，这种情况十分常见。

让我们回想一下前面的内容，可以说信赖步枪是一种“不明智的节约”。1776 年，本杰明 · 富兰克林（Benjamin Franklin）建议大陆军（Continental Army）使用长弓[14]。对这种武器固有能力的分析显示，富兰克林建议重新启用这种已经被淘汰两个多世纪的武器是切合实际的，而并非是一种空想。

路易斯 · 拿破仑（Louis Napoleon）王子发现：“在 1 分钟内，英国的一等射手如果不能射出 12 支箭（射程为 240 码），或者在 12 箭中，只要有一箭没有射中目标，都会遭到轻视。”[15]一位持有威尔士长弓（Welsh longbow）的训练有素的射手对于大规模目标（如并肩前进的步兵阵）来说是一个重大威胁。它唯一的缺点是射手要终身学习使用这种武器——这就是丰田和福特公司中的“一流工人”（first-class man）。相比之下，中世纪的十字弓和它的后继者火绳枪的唯一优点就是几乎每个人都可以非常快地学会如何使用它们。

火绳枪的射程有限，如果敌军士兵能够被百步之外的火绳枪射中，那么可以说他的运气差到了极点。火绳枪的后继者滑膛枪也存在着同样的缺陷。这些武器适合于对大规模目标进行射击，基本的战术就是尽快向敌人的大致方向开火。根据随机到达（random arrival）的泊松分布模型，一个人的运气早晚会用尽的。

尽可能迅速地开火完全是另一个问题。火绳枪手开始装弹前，必须先将燃烧的火绳移走，以避免将火药装入药锅时引起爆炸。然后，他将子弹从枪口处装填好，重新放好火绳，将武器放在叉形支架上，等待开火的命令。完成射击后，他和同级别的其他士兵撤后（被称为反方向前进），退到后面完成单调的装子弹过程。亨利·福特指出，“徒步行走”不是一种高报酬的工作，士兵们最主要的活动是反方向行进并为效率低下的武器装子弹，而不是发射子弹（这才是增加价值的活动），因而也不能拿较高的报酬。

让我们想象一个长弓手小队——可能是100名长弓手对付1000名火绳枪手——展开的一场一边倒的屠杀，这些长弓手只要站在火绳枪的射程范围之外，每人每分钟射出12支箭，而这些箭很少空发。当然，假定没有骑兵参战，而且双方都有枪兵来阻止敌人的骑兵靠近。

从报酬的角度来讲，长弓手的成本要高得多，因为你不可能以每天1先令的报酬雇用这样的人。但是，报酬只是财务等式中的一小部分。司令官可能很容易以每天1先令的报酬雇用1万人，但是他必须得养着他们。在那些很难买到粮食的地区，这是很难维持的。也许更好的方法是，司令官以每天1英镑的价格来雇用500名“一流士兵”，同时省下一大笔维持军队的费用。这也可以降低由于后勤问题而放弃一场战役的风险。

在富兰克林建议采用长弓的时候，燧发枪取代了火绳枪。英国的Tower或者Brown Bess步枪利用松配合（loose-fitting）子弹的优点，每分钟可以开火4次——同样，松配合的特点使得这种武器的射程不超过150码。长弓的射程是它的2倍，发射频率也是它的2倍。

当需要在低报酬和高报酬劳动力之间做出选择时，今天的制造商可能会发现牢记这些军事实例是很有用的。他们应该认真想一想，廉价劳动力是否真的节省了资金。换句话说，他们应该考虑“廉价”和“不明智的节约”之间的差别。例如，如果其产品必须用集装箱船而不是飞机来运输，那么在低工资国家雇用廉价劳动力的制造商会发现其交付期大大延长了。这就引出了下一个话题——廉价采购的错误。

3. “不明智的节约”之三：廉价采购

这个话题最初是在讨论采购中不恰当的绩效指标时引入的。当采购经理为了享受折扣而购买超过所需数量的产品时，其结果往往是过量的库存会变得过时。

从海外寻找廉价的零部件也可能是一种“不明智的节约”。集装箱船实质上是一个伪装起来的浮动仓库，它导致了批量生产，还使供应链中交付期延长。而且在运输过程中，任何产品质量问题在几周内都不能被发现。

毋庸置疑，由于质量达不到标准而便宜的原材料和零部件经常会引起生产过程中的质量问题和售后质量问题，由此带来的支出比省下的钱要多得多。

4. “不明智的节约”之四：廉价的工作条件

读过狄更斯（Charles Dickens）《圣诞颂歌》（*Christmas Carol*）的人可以回忆一下斯克鲁奇（Ebenezer Scrooge，一个

富有但自私的银行家，对职员极为苛刻——编者注）为了省钱是如何在隆冬季节节约煤的。这不仅使得他的雇员克拉奇特（Bob Cratchit）很不高兴而且很不舒服，还可能降低了他们两个人的效率。他们大部门的工作都需要写字，但手被冻得写不好字。此外，墨水也可能不流畅。即使一个产品不需要严格地控制温度和湿度，但为生产产品的工人提供舒适且符合工效学的工作环境而花一些钱也是值得的。

用廉价、节能的荧光灯为工厂和办公室提供照明的说法应该受到质疑。人的眼睛不适应荧光灯发出的光。早在约100年前，人们就认识到了使用太阳光或与其最接近的光源照明的优点。

> 工厂很少为了给工作提供良好的照明而投资。与劳动力成本相比，人造光源的成本不值一提，但是数以千计的熟练技工会因为光线的不足而损失效率[16]。

该文献还提到了非日光灯可能引起的问题。据说，汞汽灯能够让“奇特、宜人的光线撒满每个角落”。但是，在办公室工作的人发现：

> ……缺点是所有的颜色都变了，红色变成了紫色，棕色变成了绿色，蓝色变成了粉色……办公室后勤都抱怨这种颜色的改变，但是在车间，尤其是在那些把灯安放得相当高的地方，人们对这种灯及其柔和的光线称赞不已[17]。

当时，人们并不知道这种灯的另一个危害，即长时间照射后会对眼睛和皮肤造成伤害。此外，与车间相比，这种照明很明显不太适合于办公室。吉尔布雷斯补充道：

灯是工厂里最便宜的东西，但它关系到工人疲劳的问题。最好的照明条件应该减少消除疲劳所需的休息。提供最好的与最差的照明条件之间的成本差别与因恢复眼睛疲劳所需的休息时间带来的成本相比，根本算不了什么[18]。

5. “不明智的节约”之五：采用廉价的过程

很多组织机构采用的过程在账面上能够省钱，但实际上会浪费更多的钱、延长周期时间，甚至浪费更重要的资产。在第二次世界大战期间，对轰炸机飞行员来说，为避开敌人的防空火力，机动灵活是一种常见的对策。

空军大队在李梅（Curtis LeMay）到达前就开始轰炸，在接近目标的过程中，为了避开敌军密集的防空炮火，他们不停地随机快速移动。在轰炸的整个过程中，他们一直在进行这样的快速移动。结果是：炸弹弹道的计算方法被丢在一边，炸弹遍地开花，就是没有落到目标上。

……李梅总结道，与沿直线水平飞行相比，公认的快速移动不会降低飞机被防空炮火击中的概率。1942 年 11 月 23 日，轰炸法国圣纳泽尔（St. Nazaire）的命令下达后，李梅命令他的飞行员在 7 分钟内沿直线飞到指定地点上空，并投下炸弹。很多机组人员，包括一些中队指挥官，都认为他疯了。但任务还是被执行了，李梅的飞机飞在最前面。

结果令人印象深刻：没有一架飞机被防空炮火击中。在战斗中损失了两架飞机。这一结果比那天飞向圣纳泽尔的另一个中队要好得多[19]。

如果炸弹第一次就击中目标，就没有必要冒险执行第二次任务。就算是直线飞行增加了被击中的概率，但由于命中率提高，因此执行任务的次数减少了，这也提高了飞机和机组人员生还的可能性，同时还节省了燃料和炸弹。

另一个“不明智节约”的例子是一个很常见的建议：为了节省汽油，应该降低速度。有人甚至认为卡车应该以更低的速度行驶以节约柴油。

> 能源部估计，汽车行驶的速度超过每小时60英里后，时速每增加5英里，每加仑要多花20美分，燃料效率降低7%～23%，这因汽车和汽油的类型不同而有所差别。这是因为更高的速度会增加空气阻力，因而需要更多的动力。环境与能源研究院（致力于提高能源使用效率和可再生能源的使用）指出，一年中，以时速75英里行驶比以时速60英里行驶要多花180美元的汽油费[20]。

这是一个“不明智节约”的极好的例子。假设要沿州际公路行驶300英里，一辆标准长度的汽车每25英里消耗1加仑汽油。以时速60英里的速度行驶，整段路程需要5个小时和12加仑汽油。如果时速为75英里是合法且安全的，那么整段路程只需要4个小时，但每加仑汽油要多花60美分，那么共多消耗7.20美元的汽油。如果司机将时速控制在60英里以节省汽油，那么他会发现自己每小时的税后报酬只有7.20美元。

另一个“廉价过程”是让工人在工具室或储藏室等待拿零件和物料的过程。亨利·福特发现，为了拿到价值30美分的工具，工人花费了价值25美分的时间。为了使这些浪费更加形象，我们打个比方，当时，25美分的硬币是用银子做的，一枚这样硬币的可以买一大块面包[21]。

5.3 动作效率

工作中每个主要劳动要素的动作效率是非常重要的。利用流程图对工人在完成一项工作时必要的动作进行评估，可以发现很多不增加价值的活动。录下一项工作的完成过程常常十分有用，但要说明清楚这是为了评估工作设计，而不是针对工人。工人们甚至可以自己来做，他们往往会惊奇地发现在完成一项特定的工作中存在多少浪费。

有一个关于安装电灯泡的笑话，一个工人举着灯泡，另外三个工人扶住梯子。当生产团队在工厂中发现类似的浪费时，这个笑话就不那么好笑了。这个电灯泡的笑话涉及做同一项工作的四个人，其中每个人都付出了更多的体力。伍尔利（Edward Mott Woolley）提供了一个现实中的有趣例子，这个例子讲述了位于特拉华州维明顿市（Wilmington）的一家漂染厂将织物折叠起来的操作："所有的雇员都向右迈出两步来抓住布，回到桌子前，将它折叠起来，然后向左迈两步，将布放在另一堆布上。这个操作总是这样进行，从来没有人对它提出过质疑。"[22]

虽然不像灯泡的例子那样没有效率，但一个人的工作却要两个人来做，因为谁也没有注意到隐藏在如此明显地方的浪费。移动桌子来消除行走的需要，这个解决方法可能一分钱也不用花，而且执行起来用不了一个小时。对工作重新设计以减少行走后，产出增加了1倍。

图5.1显示了在弗兰克·吉尔布雷斯引入新方法前后砌砖

工作是怎样进行的。这种新方法看起来显而易见，就是借助一个不需要弯腰的脚手架，把砖运到与腰同高的位置。

“为砌砖工人提供砖的传统方法”［吉尔布雷斯著《动作研究》(*Motion Study*)中的图9，照片拍摄于1906年9月5日］

“不用弯腰的脚手架在设计时考虑到了当砌砖工人同时去拿砖块和灰浆时不会被立柱挡住”（吉尔布雷斯著《动作研究》中的图1）。请注意，砖块是按小堆码放的，而且砖块与墙的高度都大致与腰等高。

图5.1　吉尔布雷斯改进前后的砌砖工作

想一想，弯腰拿起5磅重的砖然后再直起腰来，泥瓦匠的这个动作显然是不会被支付工资的。由于工作的确被完成了，而且墙的质量也很好，所以谁也没有注意到他们完成工作的过程中有什么地方不对。

泰勒（Frederick Winslow Taylor）也注意到了类似的情况，伯利恒钢铁厂的工人们经常用同样的铁锹来铲所有类型的材料。如果他们要搬运铁矿石，则一铁锹铁矿石的重量太重，工人们很快就会精疲力竭。如果他们移动碎煤块和煤灰，则铁锹本身又显得太重了，移动这些材料与拿起铁锹要花费同样的力气。在这种情况下，人们会想起用牙刷来清洁地板的笑话。

吉尔布雷斯的努力可能使工作效率提高3倍左右，而亨利·福特的成就则显示出在工作中会存在多么严重的无效率。当时的资料认为，他的方法带来了上百倍的改善：

> 福特的成功在金融、工业和机械制造方面震惊了整个国家，甚至震惊了整个世界。它在大多数人都认为不可能的水平上展示了对真正高效率的要求，这些要求看起来相互矛盾：质量持续改进，工人工资大幅度增长，价格持续降低。伴随着这一切的发生，效果也立竿见影地显现出来，在不到10年的时间里产量提高了将近100倍，给制造商带来了巨大的利润[23]。

福特提出的工作设计原则既容易记住，也应该记住："在所有的操作中有两条总原则——一个人必须走的路永远不能超过一步，如果能够避免的话，任何人也不需要弯腰。"[24]记住，走路和弯腰不会为任何工作增加价值，但是它们确实会增加周转时间和时间波动。

符合工效学的精巧的工件传递工具（不是高架输送器）可以使动作效率方面有所改善。在很多工厂中，大工件通过高架输送器上的绳索来移动——这个方法可能源自肉类加工厂，而肉类加工厂为装配线提供了灵感。这种方法的一个潜在缺点是：如果这个工件摇摆或者扭转，那么工人将很难对其进行操作。

丰田公司2005年刊登在《美国新闻和世界报道》（*U. S. News & World Report*）上的广告展示了一幅其西弗吉尼亚汽车厂生产线的照片，亨利·福特思考过程的任何一位拥护者都可以从中推测出很多信息。发动机在圆柱形的柱子上移动，而且从照片上还可以看出，这些柱子甚至能够旋转，以使发动机的不同部位朝向操作者。工人们看起来像是随传送带一起移动，所以他们不需要为赶上工件而走动，而且在所有的情况下，他们的任务都位于腰部和胸部之间。我们很容易看出这家工厂为什么能够赢得2005年哈伯奖（Harbour Award）中的“生产率最高的发动机厂”奖[25]。

5.4 生产过程质量控制

如第1章所述，报废一般来说是不好的，如果发生在瓶颈工序之中或以后，情况会更糟。这是因为瓶颈没有多余的产能，不能补偿损失。因此，阻止不合格产品进入瓶颈环节、浪费其无法补偿的产能是很关键的。

除了浪费资源之外，报废的另一个后果是增加了波动，这种波动使得工厂不能“每次都掷出6点”。如果1%的产品报废，那么要得到100件产品，这家工厂就必须生产101件产品。问题是生产101件产品并不能保证交付100件产品。假设报废服从二项分布，那么有超过25%的概率损失两件或更多件产品。这个工厂要生产103件产品，才能保证交付100件产品的概率达到98%。这听起来不像是主要问题，但考虑到极端复杂的物料清单，缺少任何零部件都会造成产成品的减少，这就是个大问题了。

还有一个问题，就是看起来很低的报废率也会造成大问题。1%的报废率听起来不高，但如果在一个很长的加工过程中，它影响着每一个操作，那么这个比率就会造成毁灭性的影响。“直通率”（rolled throughput yield，RTY）显示了看起来很小的损失会造成多大的破坏（见下面的等式）。在一个有 n 个操作的过程中，每一个操作不合格产品所占的比例是 p_i，那么直通率为 $RTY = \Pi_{i=1}^{n}(1-p_i)$。

例如，有20个连续的操作，每个操作的废品率都是1%。

那么 RTY 为 81.8%，即有 18.2% 的产品报废了。在并行加工的情况下，这个问题可以减轻，也就是说，对各自包含 10 个操作的两个过程的产出进行装配，这种情况下直通率接近 90%，并且还可以缩短周期时间。如表 5.1 所示，并行装配几乎总是优于连续装配。

表 5.1 直通率、并行和连续装配

并行		连续
$\Pi_{i=1}^{n1}(1-p_i)\rightarrow A$	然后将 A、B 组装在一起得到产成品 C，这优于：	$\Pi_{i=1}^{n1+n2}(1-p_i)\rightarrow C$
$\Pi_{i=1}^{n2}(1-p_i)\rightarrow B$		

问题是，很多产品（如半导体设备）不能通过并行的工序来生产。半导体的生产是每次都是在同一个硅晶片上进行操作，极其微小的二极管和晶体管不能通过并行工序进行组装。

显然，报废和返工会降低有效产能，“隐藏的工厂”（hidden plant）这个术语指的是持有一定量的额外资源，以弥补低质量带来的浪费。霍普和斯皮尔曼补充说，返工也会增加周转时间和波动，较长的返工循环使问题变得更糟[26]。如果这个零件需要退回到前面几道工序进行返工，那么它要用到的每个工作站的产能都会受到影响。返工问题变得如此具有破坏性，以至于有些工厂增加了单独的生产线来应对这一问题。毫无疑问，专门用来处理返工问题的生产线是一个隐藏的工厂，因此，它也是浪费。

1. 防差错技术

制造过程设计的一个基本原则是：依靠操作者的警惕性来预防的错误早晚都会发生。如果一项工作能够被做错，那么它最终是会出错的。这就是防差错技术（Poka-Yoke）背后的观念。防差错设备和自检系统支持精益生产原则："不接受它（低质量），不生产它，不传递它。"自检系统可以被看成是一种特殊的防差错技巧，这种技巧实际上并不是预防错误，而是在错误产生巨大危害前发现它们。

防差错技术反映了这样一个观点：即使再仔细的工人最终也会犯错误。例如，如果两个零件可以逆向组装，那么错误的发生只是时间问题，除非有滑键来防止出现装配错误。滑键以及其他设备最初是用来"防呆"的（fool-proofing，日语中叫baka-yoke），但日本工人反对这种说法[27]。这个术语变成了防差错技术，以反映了这样一个事实：如果存在机会，即使是勤奋的工人最终也会犯错误。

AIAG提供了一个差错预防的例子，在重型传输装配线上增加一个惯性制动器。制动器的一角有一个柄脚（tang），只有当方向正确时，这个柄脚才能与接装板（adapter plate）配合好。同时，接装板也有一个柄脚，并且只有当方向正确时才能进行传送[28]。

2. 自检系统

新乡重夫（Shigeo Shingo）所说的自检系统是指要100%地检查，这可能引起质量工作者的误解，因为他们很清楚，检查产品的质量是生产系统的最后一步，而不能设置在生产过程中。实际的检查是对人力资源低效率的使用。通常它也是没有效果的，因为经验表明：缺陷中有1/5是检查不出来的。但是，新乡重夫的"100%检查"根本不是检查，它是利用自动的自检系统，来保证车间不接收低质量的产品，也不将低质量的产品传递下去。如果防差错技术能够防止工件按照错误的顺序组装，那么自检系统根本不会允许不合格品被组装到产品中。亨利·福特描述了这样一个系统的运行，每个产品必须先通过一个量具的测量才算合格，这个量具提供了尺寸规格的上限，如果低于下限就不合格[29]。每一根活塞杆都要通过这个量具的测量，这就是新乡重夫所说的100%检查，尽管没有检验员参与这一工作。

新乡重夫还为那些规格范围是［9.5，10.5］毫米的轴杆紧固器（stem tightener）提供了自检系统的图表[30]。自动分拣机上有一个斜槽，在其上方斜放着量具。第一个量具的间隙是10.5毫米，如果零件尺寸过大，就会被放入废品箱中。比10.5毫米小的零件继续在斜槽中移动，然后通过一个间隙为9.5毫米的量具。达不到规格要求的产品进入另一个废品箱中，而符合规格的产品则进入合格品箱中。这与福特的轴衬分拣原理是一样的。此外，出现废品时都会触发一个听觉信号（蜂鸣器），来告诉操作者出现了问题。

新乡重夫的另一个例子是四轴钻孔机，它的钻头有时会坏掉或者脱落，因为它们的直径比较小[31]。这使得一些孔没有被钻透。新乡重夫的图形显示了一个核准单元，用来检验刚经过钻孔机加工的部件。如果四个探针中的任何一个没有穿过零件，那么它就会推动一个限位开关，关掉机器并打开一盏闪烁的红灯（安灯，一种可视化控制）来告诉操作者。这个例子结合了防差错系统和自检系统。

可以想象，通过自働化（autonomation）可以进一步改进系统。例如，可以检测钻孔机的转矩是否过大，以防止钻头折断或脱落。

很多自检和防差错设备都非常便宜，大多不到100美元。因为在瓶颈环节及以后出现次品的损失是无法弥补的，防止出现差错并使不合格品远离瓶颈就显得非常重要了。在一些不能实现自检的环节，可能会用到“$N=2$”检验技术，但是只有在流程稳定的情况下才能使用[32]。这就是说，如果一个生产批量中的第一件和最后一件产品是好的，那么中间的也应该是好的。

“源头检验”[33]（source inspection）的原则更加复杂，但在实际中实施起来并不太难。

3. 源头检验

自检系统阻止有缺陷的产品离开本工作站进入下一工作站，而源头检验则能够从根本上防止缺陷的产生。新乡重夫认为，错误在变为废品之前就要被检查出来并加以纠正（在四轴钻孔机的例子中，缺陷——没有穿透的孔——产生了，但是工具还是没有得到改善以防止缺陷的发生）。

> 源头检验可以被描述为这样的检验方法，它不是为了鼓励对缺陷做出反应和行动，而是基于这样一种观点：在可能造成缺陷的条件下发现错误，在错误阶段进行反馈并采取行动，以防止这些错误转化为缺陷[34]。

“纵向源头检验”（vertical source inspection）关注上游流程，以防止不合格材料从源头进入生产过程。它与 SIPOC 模型联系在一起，因为它们都关注供应商，无论是内部的还是外部的。

“横向源头检验”（horizontal source inspection）从出现问题的操作中检查缺陷的来源。新乡重夫描述了这样一个操作，它要求工人将 10 个配件和 1 本操作指南连同 1 台吸尘器一同装入一个包装中[35]。工人们有时会落下一些配件，防错操作如下：在装零件的容器上配有一个限位开关，当一个零件被拿走之后，开关启动并且容器上的绿灯亮。装操作指南的容器也是如此。如果工人没有将所有的零件都装进去，包装纸箱就会暂停，并且蜂鸣器发出响声。工人将落下的部分加进去（根据容器上的绿灯是否点亮来判断），这时操作才允许继续进行。

新乡重夫描述了另一个类似的差错预防系统，这个系统可以有效地数出工人取回准备安装到产品上的零件数目，如果有零件丢失则通知工人。这就是说，在生产出不合格品之前，一旦有错误出现，纠正行动就会被触发。

4. 自働化

自检系统和源头检验与自働化（jidoka）——使机器能够检测到异常状况并做出反应——的概念是分不开的。四轴钻孔机发现钻头损坏的能力是自働化的一种反应方式，即这一工具有能力认识到自己已经生产出了一个有缺陷的产品，随后停下来以防止更多错误的发生。丰田佐吉（Sakichi Toyoda）织布机的开发也运用了同样的方法，当一根线断掉时，这台织布机会自动停下来，这样就会防止生产出有缺陷的布料。

“主动自働化”（proactive autonomation）是指工具可以在生产出不合格产品之前，认识并纠正一个异常状态，这可能是源头检验的机械化形式。这些概念大致可以互换；在任何情况下，基本原则都是：系统应该预防缺陷，而不是事后才找出问题。卡尔帕基安（Kalpakjian）描述了这样一种主动自働化技术，在机器故障出现之前，就能检查出工具的磨损情况：

最近的一个发展就是声发射（acoustic emission）技术，即将压电式传感器安装在刀具之上，以接受在切削过程中产生的信号。实验研究显示，由信号的均方根（RMS）度量的声发射强度随着磨损的增加而增加[36]。

卡尔帕基安补充道，可以通过测量转矩来预测钻孔机或者攻丝机的寿命，而转矩是钻孔或攻丝个数的函数[37]。在磨损发生之前，转矩相对比较稳定，磨损发生后，它就开始增加了。这有助于制定设备更新计划（作为预防性维护）。如果设备能够在运行时测量自己的转矩，那么它就可以自动检查工具磨损情况。

5. 生产过程质量控制总结

综上所述，对于低质量产品来说，下列生产过程质量控制技术都支持这一观点："不生产它，不接受它，不传递它"：

- 连续检验系统（successive check systems）是指在传递到下一个工作站之前，每个工件都要经过一名公正的检验员（或是自动计量器具）的检验。这不会防止缺陷的发生，但是它可以阻止下一个工作站接收有问题的零件。与典型的来料检验（通常适用于大批量零部件）相比，连续检验系统立刻检查每一件产品，并及时为生产它的工作站提供缺陷信息。
- 自检系统（self-check systems）将检验移到了生产工作站。它们也不能防止缺陷的发生，但是它们支持"不传递它"的原则。此外，自检系统的反馈可能比连续检验系统快得多。"反应自働化"（工作站可以检查出由于机器故障而生产出的不合格产品）在原理上与此相似。

- 源头检验（source inspections）是指在错误转化为缺陷之前就发现并纠正那些潜在的错误源头。这会产生理想的状态，即“不生产它”。主动自働化是这一观念的延伸，即在生产出任何有缺陷的产品（或者损坏自己的钻头或刀具）之前，设备会进行自检并对即将发生的故障做出反应。
- 防差错技术（poka-yoke/error-proofing）与源头检验类似，因为它阻止了错误的发生。但是，它更加主动。它不是在过程中发现错误（如漏掉一个零件或者部件装错了方向），而是使错误不可能发生。例如，槽沟、滑键都可以使得零件在装配时不出现装错方向的情况。

5.5 预防性维护

预防性维护（preventive maintenance）与主动自働化的概念相关。它通过在问题发生前对设备进行保养来防止缺陷或者损坏。但是，预防性维护经常是按照时间表进行的，而不是因为机器检测出了一个急需解决的问题。

在避免设备中断方面，预防性维护是非常重要的。从产能的角度来看，在约束理论中，非瓶颈环节的中断不是一个严重的问题。这个操作拥有过剩的产能，因此它很容易补上耽误的工作。没有过剩产能的平衡系统（亨利·福特的目标）却不允许任何中断。虽然实际系统中毫无疑问会存在一些过剩的产能，但是即使一次短暂的停工也会将波动蔓延到整个系统中。

国家半导体公司（National Semiconductor）就从来不把这类事情看成是“无关紧要”的中断[38]。

小中断几乎完全符合“阻力”或“浪费”的定义。工人们一般能够自己解决问题，而不必叫维护人员来，甚至不需要备件。他们可以很快地完成这一工作，因而中断并没有带来直接的严重后果。结果是，没有人会去从根本上解决问题，因而同样的事情还会发生。

诺伍德（Edwin P. Norwood）表示，福特胭脂河（River Rouge）工厂也不会再容忍所谓的“小中断”[39]。工人们得到了授权，在出现问题时停止生产线——很多人认为这一方法是丰田公司最先实施的。这与控制室中的安灯信号是类似的，这个灯显示了中断的确切位置。如果操作者需要多于两分钟的时间来解决这个问题，他就会叫来一位维修技工。但是，即使操作者在指定的两分钟内清除了故障，他也要把这个问题和出现的位置记录下来。对于花费时间最多的中断处，应该进行帕累托型（Pareto-type）评估，这反过来会推动很多变化和改善。现代的全员生产维护（TPM）也利用了类似的方法。

弗雷德里克·泰勒在将近100年前就描述了定期预防性维护（scheduled preventive maintenance）。在一年中两次检修的间隔期中，系统中每台机器所出现的问题，以及固定间隔期内对机器各个部分（如锅炉、发动机、带子等）进行检查和维修过程中所得到的反馈，都应该引起注意，因为这说明这些机器或部件可能会出现故障或制造麻烦。通过解决这些问题，就可以预防故障和延迟[40]。现在，ISO9001：2000和ISO/TS 16949要求企业制定一个良好的预防性维护计划。

5.6 供应链管理

制造商常常看到，在制造过程中的节约转眼间就被配送过程浪费得干干净净，而配送过程不在制造商的掌握范围内。如果供应商和配送商收取所有的运输费用，那么在制造中节约就没有意义了[41]。

> 供应链的目的在于得到平滑的JIT流——或者说，如果设计或者管理失当，会积累大量的库存，这些库存可能会过时——这一点非常重要。在一个批量与排队的或者缺乏有效协调和沟通的供应链中，即使是世界上最精益的公司也不能有效运营。
>
> 霍普和斯皮尔曼引用了“牛鞭效应”（bullwhip effect）[42]的概念，这一概念是指来自零售店或者终端顾客需求很小的波动在复杂的供应链中其影响会被放大。这个现象类似于在一个设计不佳的反馈控制系统中因纠正过度而放大了波动。

1. 啤酒游戏[43]

啤酒游戏（beer game）是麻省理工大学与于20世纪60年代开发出来的。它模拟了这样的供应链：（1）在发出订单到订单交付之间有一周的交付期；（2）供应链成员之间沟通受到限制。这个供应链包括零售商、批发商、分销商和制造商。订单是唯一允许的交流形式，暂时无法满足的订货和过量的库存都会带来成本。实际情况常常是，销售终端的随机需求波动造成缺货和库存过剩轮流出现，就像甩鞭子一样。当系统开始对自己的（过剩）调整而不是对真正的输入变量（本例中是需求）做出响应时，结果必然是一种失控的状态。事实上，这一系统是对化学工程师所谓的不稳定反馈环路（feedback loop）做出响应，而不是对客户的实际需求做出响应。考汉诺（Donald R. Coughanowr）和考贝尔（Lowell B. Koppel）描述了这样的情况：系统的反应变得越来越动荡不定，每一个后续反应的振幅都会更大[44]。他们的书中附带的数字可以很容易地通过长鞭的波动效应来描述。

一个更令人忧虑的事实，是啤酒游戏中涉及一种产品和四个连续的供应链伙伴。那么可想而知，在一个缺乏协调的供应链中，复杂、多级的物料清单所产生的影响会多么大。

2. 供应链中不稳定性的来源

霍普和斯皮尔曼提出了在供应链中库存水平不稳定和缺货的4个主要原因[45]：

- **为降低补货订单成本而提交的批量订单可能会放大零售层面相对较小的需求波动**。尤其是当所有人同时发出自己的补货订单（如在月初或者月末）时，这一点尤其明显。另一个鼓励批量订单的原因是为了装满卡车以减少单位运输成本。霍普和斯皮尔曼推荐以下的方法来避免这一问题：

  —利用电子数据交换（EDI）来减少采购订单的成本。如果供应商已经利用了电子看板的形式来及时通知其上游的供应商，告诉供应商卖出产品的具体数目和需要补货的数量，那么这种方式是可行的。

—将订单进行组合以装满卡车。“卡车共享”是一种众所周知的物流技术，是指来自不同公司的订单共享一辆卡车，就像一辆公共汽车的乘客一样。

- **需求预测会促使订单的峰值超过需求的峰值，从而扩大波动性**。例如，批发商从零售商那里接到一个订单，并根据订单增加了安全库存，然后向上游的分销商发出了更大的订单。供应链每个层次都对来自直接下游的顾客需求做出响应，而不是对终端顾客的需求做出响应。霍普和斯皮尔曼建议采用以下方法避免这些问题：

—“销售数据”。是指终端的卖家与上游供应链伙伴共享销售数据。

—“供应商管理库存”（VMI）。是指制造商控制整条供应链中的库存［比尔·沃克（Bill Walker）指的是渠道控制者，或者主导整个供应链运作的贸易伙伴］[46]。

—“缩短反馈回路”。很长的反馈回路使得任何系统都难以控制，供应链也不例外。更短的交付期可以通过精益生产技术和拉式生产控制来实现，它可以减少必要的安全库存，亨利·福特在《我的生活和工作》中详细介绍了这个原则。

- **定价策略可能会导致不佳的购买决策**（**从供应链的角度来看**）。例如，当精明的顾客知道卖方不得不打折以卖出库存时，他们可能会跟系统赌一下。尽管亨利·福特和本杰明·富兰克林反对仅仅因为折扣而购买，但如果购买者知道某一物品肯定会被用到时，他们就可以安全地忽略这个建议。例如，圣诞贺卡在12月26日价格会降低40%甚至更多。如果一个人想来年送出很多贺卡，并愿意在一年中持有它们，那么这就是一笔出色的交易。同理，很多消费者知道秋天是购买夏装的最佳时机，而春天是购买冬装的最佳季节，因为此时的折扣幅度经常会超过50%。这一规律也适用于不易损坏的食品（如谷类）。如果消费者知道一家商店会周期性地减价，那么这些食品可能会一直卖不出去。当商店宣布降价时，这些食品就会很快卖出去。

—霍普和斯皮尔曼建议采用“天天平价”的方法，即卖方保持一个固定的低价格，这个价格处于全价和折扣价之间。

—按订单生产（make-to-order）而不是按预测生产（make-to-forecast）也可以消除这个问题。如果汽车只是按照订单进行生产，那么消费者就不会一直等待，直到某车型在新款车即将推出前进行大降价时才购买。另一方面，库存及其持有成本的减少使得降低日常价格成为可能。书籍可以按订单印刷——这种技术被称为按需印刷——节日贺卡也可以采取同样的方式进行印刷。实际上，CafePress可以根据需求印刷顾客设计的贺卡。计算机穿孔卡片最初是为了控制提花织机，这个事实说明衣服也可以按订单生产。

- **为了预防可能的缺货，顾客会提交不切实际的大订单**。随后，只要一有剩余，顾客就会取消他们的订单。霍普和斯皮尔曼讲述了在20世纪80年代很常见的方法：

顾客向多个供应商发出同样订单订购电脑内存，在其中一个供应商把货物送到后，他就会取消其他所有的订单。缩短供应链是降低不稳定性和成本的好办法。记住，不产生价值的任何东西——价值是指顾客愿意为某种物品支付的数额——都是浪费。汽车交易商的库存持有成本、广告成本、管理费用和涨价没有为顾客增加任何价值，这说明这些交易商应该退出供应链。更准确地说，它们应该负责交付按订单生产的汽车，并提供相关服务。戴尔计算机公司就将零售商从它的供应链中移除而直接将产品卖给消费者。顾客在网上提供电脑的配置信息，戴尔利用已经准备好的零部件按照订单装配。

3. 物流

运输管理系统和类似的物流系统对于精益供应链来说是至关重要的。诺伍德（Norwood）创造出了一种理想化的情况：跨洲传送带，而亨利·福特在没有互联网的协助，甚至连最原始的电脑都没有的情况下，使这一构想成为了现实：

总之，美国的企业管理者将美国的运输设施分解成了另一个传输网络。将铁路、公路、水路和空运等设施与工厂自己的发货安排连接起来，利用电报来进行监控，这些电报就像车间组长一样，监督企业外部的这条传送线。因此，利用外部运输来实现的传送系统与工厂内的信息传送是类似的[47]。

他还补充道，运输系统是在 JIT 的基础上运行的。福特的运输部门可以确定方圆 25 英里内任何机动轨道车的位置，并能预测其到达时间，误差不超过几分钟[48]。当然，那个时候没有人听说过全球定位系统。

小结：改善生产率

找出浪费（也被称为“阻力”或者 muda）是非常重要的。没有人愿意浪费时间、金钱和材料，但是浪费经常就藏在显而易见的地方。亨利·福特一个基本的成功秘诀，就是找出浪费的能力，同时他将这种能力传授给他的员工。“不明智的节约”，无论是雇用廉价劳动力还是购买便宜的设备和原材料，都可能引起巨大的浪费。“贪小便宜吃大亏”，因为上游通过“不明智的节约”省下 1 便士可能会为下游造成 1 美元的损失（或者是浪费赚取 1 美元的机会）。

在降低因低质量而带来的成本，同时找出根本原因以防再次出现低质量问题方面，有效的生产过程质量控制是一种重要的方法。

- **防差错技术**使得工作不可能以错误的方式进行。零部件不可能装错方向，因为滑键及类似装置使得装配只能按正确的方向进行。
- **连续检验**可以阻止不合格的工件被下一个操作所接受，同时可以找出产生缺陷的操作。
- **自检系统**将质量评估转移到了正在生产的工作站。例如，没有通过量具测量的部件会立即被剔除出来，操作者也会立即被告知。

- **源头检验**通过预防错误和缺陷的发生，对自检系统进行了改进。
- **自働化**（jidoka）是指设备可以在没有生产缺陷产品之前，觉察不正常状态，并停下来或者要求进行维护。
- **反应自働化**是指机器可以觉察不正常状态，如工具的损坏，并停止下来或者要求进行维护。
- **主动自働化**是指机器可以觉察到设备已经磨损的程度，并在磨损程度足以造成质量问题或者导致机器故障之前要求进行维护。
- **预防性维护**与主动自働化相似，它同样可以预防故障的发生。但是它是按计划进行的，而不是根据机器的反馈进行的。

供应链的无效率会轻易抵消掉最精益的企业付出的努力。与下游中间商沟通是很重要的，因为这样可以避免顾客端需求的波动导致不稳定的反馈回路，就像啤酒游戏中所模拟的那样。不增加价值的下游中间商应该从供应链中剔除出去。

物流也是供应链中的一个关键因素。亨利·福特创造了跨洲的传送带，以实现物料的运输，这是一个很聪明的想法。现在，这种跨洲传送带可以通过运输管理系统和第三方物流系统来实现。

注：

[1] Clausewitz, *On War*, p. 119.

[2] Halpin, *Zero Defects*, pp. 80 – 81.

[3] Peters, *Thriving on Chaos*, p. 233.

[4] Schonberger, *World Class Manufacturing*, pp. 14 – 15.

[5] Ford, *Moving Forward*, p. 187.

[6] Bennett, Ford: *We Never Called Him Henry*, pp. 32 – 33.

[7] Ford, *My Life and Work*, p. 15.

[8] The System Company, *How Scientific Management is Applied*, pp. 88 – 89.

[9] Aitken.

[10] Ford, *My Life and Work*, p. 77.

[11] Ford, *Moving Forward*, p. 53.

[12] Ford, *Today and Tomorrow*, pp. 119 – 121.

[13] Basset, *When the Workmen Help You Manage*, p. 64.

[14] 富兰克林被亨利·福特认为是影响其思想的人，他也被称为我们所说的“精益生产”之父。

[15] Hardy, *Longbow*, p. 68.

[16] The System Company, *How to Get More Out of Your Factory*, p. 106.

[17] Ibid. , pp. 108 – 111.

[18] Gillbreth, *Motion Study*.

[19] Cronley, “Curtis E. LeMay: The Enduring ‘Big Bomber Man.’”

[20] Chen, “States Boost Speed Limits On Major Highways,” *Wall Street Journal*, p. D1.

[21] Ford, *Today and Tomorrow*, p. 103.

[22] The System Company, *How Scientific Management is Applied*, p. 41.

[23] Charles Buxton Going, preface to *Ford Methods and the Ford Shops*, by Arnold and Faurote.

[24] Ford, *My Life and Work*, p. 80.

[25] http://www.prnewswire.com/cgi-bin/stores.pl? ACCT = 104&STORY = www. /story/09 – 28 – 2005/000413372&EDATE.

[26] Hopp and Spearman, *Factory Physics*, pp. 394 – 395.

[27] Shingo, *Zero Quality Control*, p. 45.

[28] AIAG, *CQI-10: Effective Problem Solving, A Guideline*, p. 118.

[29] Ford, *Moving Forward*, p. 212.

[30] Shingo, *Zero Quality Control: Source Inspection and the Poka-Yoke System*, p. 79.

[31] Ibid. , pp. 80-81.

[32] Schonberger, *Japanese Manufacturing Techniques: Nine Hidden Lessons in Simplicity*, p. 71.

[33] Shingo, *Zero Quality Control*, pp. 82-87.

[34] Robinson, ed. , *Modern Approaches to Manufactruing Improvement*, p. 280.

[35] Shingo, *Zero Quality Control*, pp. 86-87.

[36] Kalpakjian, *Manufacturing Processes for Engineering Materials*, p. 498.

[37] Ibid. , pp. 509-510.

[38] Gardner and Nappi, "The Total Impact of Minor Stoppages."

[39] Norwood, *Ford: Men and Methods*, pp.

[40] Taylor, *Shop Management*, p. 117.

[41] Ford, *Moving Forward*, p. 18.

[42] Hopp and Spearman, *Factory Physics*, pp. 612-616.

[43] http://beergame.mit.edu/guide.htm.

[44] Coughanowr and Koppel, *Process System Analysis and Control*, pp] 150-151.

[45] Hopp and Spearman, *Factory Physics*, pp. 612-615.

[46] Walker, "Supply Chain Management."

[47] Norwood, *Ford: Men and Methods*, p 21.

[48] Ibid, p. 30.

附　录

Microsoft Excel 中的线性规划

Microsoft Excel 的 Solver 工具可以解决线性规划问题，以协助工厂找出瓶颈，选择最优的产品组合。我们再次看一看第 1 章中的例子（在“单纯形法”这一小节中），这个例子的目标是：（1）选择最大化边际利润的产品组合；（2）找出瓶颈。边际利润和约束条件如表 A.1 所示。

表 A.1 产品的边际利润和资源需求

产品	A	B	C	
每台机器的边际利润(美元)	6	6	4	可用时间(分钟)
钻孔	$a_{11}=4$	$a_{12}=8$	$a_{13}=6$	480
磨光	$a_{21}=6$	$a_{22}=4$	$a_{23}=4$	480
热处理	$a_{31}=8$	$a_{32}=6$	$a_{33}=10$	480

如表 A.1 所示，A 产品的边际利润为 6 美元，需要 4 分钟的钻孔、6 分钟磨光和 8 分钟热处理。解决这个问题的 Excel 工作表格如图 A.1 所示，表 A.2 为图 A.1 中的几个单元的计算公式。

	A	B	C	D	E	F
1	Linear Programming: Simplex Method					
2				Product A	Product B	Product C
3	**Marginal Profit**	0	Number to produce	0	0	0
4	Constraint	Available	Marginal Profit==> Amount used	6	6	4
5	Drilling	480	0	4	8	6
6	Grinding	480	0	6	4	4
7	Heat Treatment	480	0	8	6	10

图 A.1　一个简单线性规划问题的工作表

表 A.2　Excel 中线性规划的计算公式

B3(边际利润)	{ = SUM(D3: F3 * D4: F4)} 括号中的公式是通过键入“ = SUM(D3: F3 * D4: F4)”然后按 Control-Shift-Enter 键来输入的。它计算的是 D3 × D4 + E3 × E4 + F3 × F4,可以写成 $\sum_{i=1}^{n} x_i P_i$,其中 x_i 是第 i 件产品(这个例子中是 A、B、C)的产量,P_i 是其边际利润。
B5(钻孔所用的时间)	{ = SUM($D$3: $F$3) * (D5: F5)} 其输入方式和边际利润的输入方式相同,这个公式计算的是钻孔所用的时间总和,等于 $\sum_{i=1}^{n} x_i a_{1i}$。
B6(磨光所用的时间)	{ = SUM($D$3: $F$3) * (D6: F6)} = $\sum_{i=1}^{n} x_i a_{2i}$。
B7(热处理所用的时间)	{ = SUM($D$3: $F$3) * (D7: F7)} = $\sum_{i=1}^{n} x_i a_{3i}$。

Microsoft Office 自带 SOLVSAMP. XLS，介绍了如何使用 Solver。产品组合表提供了一个产品组合最优化问题的例子。在图 A. 1 中，B3 单元格是目标单元格，这个变量将被最大化、最小化或者使之等于某一个数值。单元格 D3 到 F3 是可变单元格，我们可以控制这些单元格的值来求解问题。单元格 B5 到 C7 是约束条件。图 A. 2 介绍了如何使用 Solver 工具。注意，如果工具菜单中没有 Solver 这一项，那就需要作为一种加载项进行安装（见工具菜单中的加载项）。

注意，尽管线性规划问题的变量一般被默认为是非负的，但是必须加上“ > =0”这一约束条件。这可以简化成类似于图 A. 3 中的形式：

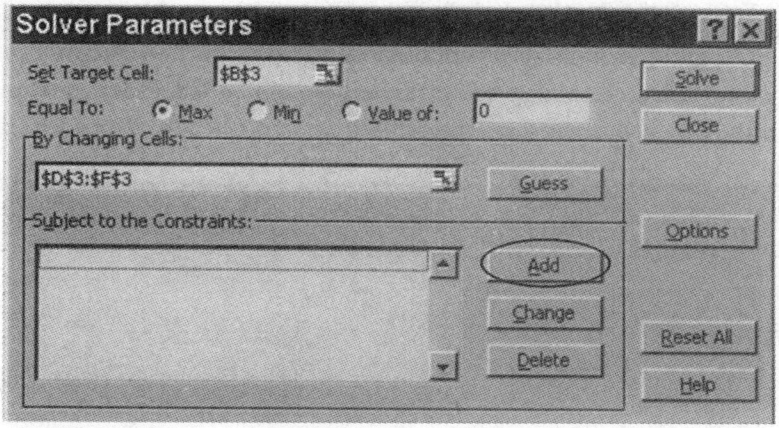

要添加约束条件，点击“增加”（Add）按钮。

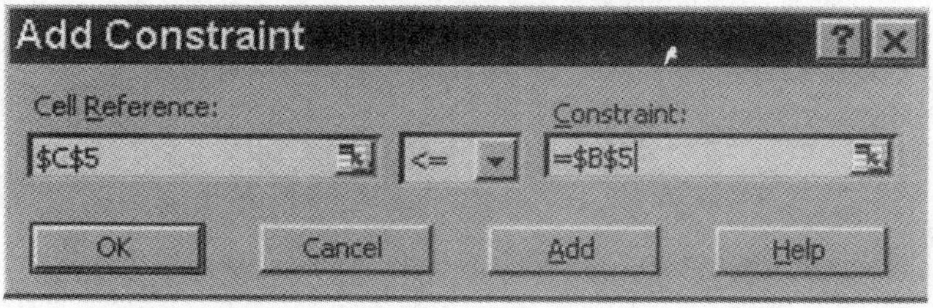

添加所有必要的约束条件后：

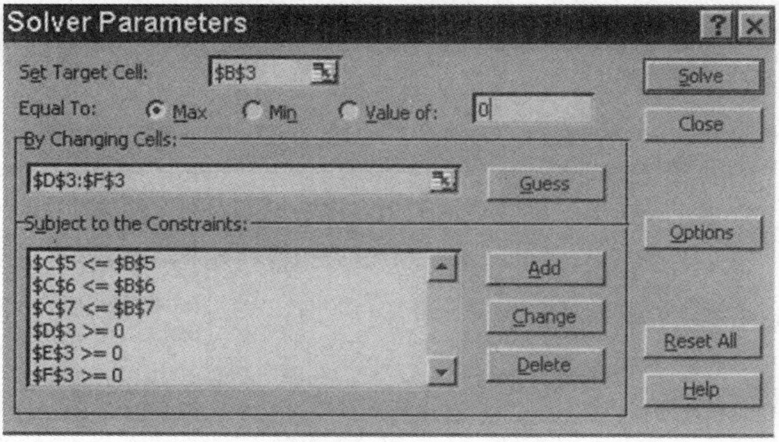

图 A.2　Solver 界面

如图 A.4 所示，用户可以选择要显示的报告。每个报告都会显示在一个新的 Excel 工作表中，并带有各自的标签。

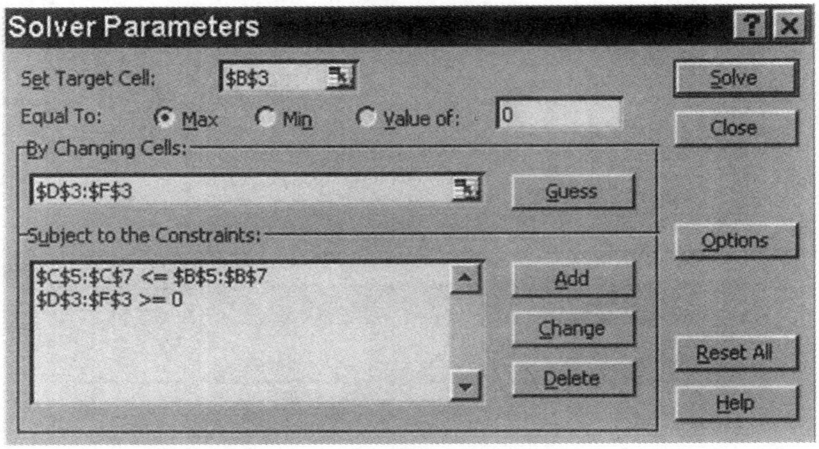

图 A. 3　利用单元格范围来输入约束条件，而不是分别输入

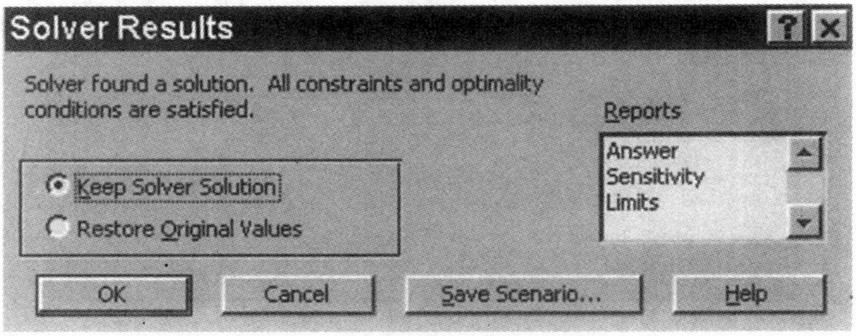

图 A. 4　可用的 Solver 报告

另外，用户应该为 Solver 提供一个类似于图 A. 5 所示的线性模型。非线性模型实际上是按照拉格朗日乘数最优化方法来进行计算的（至少对于简单问题来说是这样的），但是最好是利用标准方法。

图 A. 6 显示了答案报告，包括：（1）从最优产品组合中获得的边际利润；（2）实现此利润的产品组合；（3）每个约束的松弛变量。能力约束资源是“绑紧的”，而有过剩产能的资源是“松弛的”。根据实际中的目的，标准的“ > =0”约束条件可能被忽略。敏感性报告（图 A. 7）显示了影子价格。

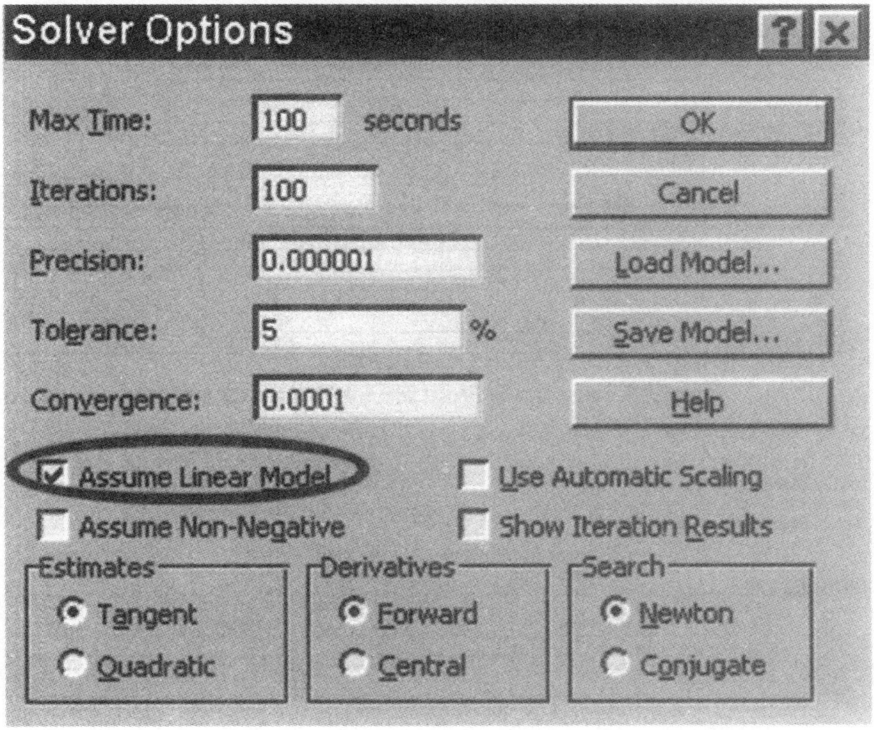

图 A. 5　选项菜单

Microsoft Excel 10.0 Answer Report
Worksheet: [LPSolver.xls]SimpleConstraint
Report Created: 8/18/2006 6:04:01 PM

Target Cell (Max)

Cell	Name	Original Value	Final Value
$B$3	Marginal Profit	0	432

Adjustable Cells

Cell	Name	Original Value	Final Value
$D$3	Number to produce Product A	0	24
$E$3	Number to produce Product B	0	48
$F$3	Number to produce Product C	0	0

Constraints

Cell	Name	Cell Value	Formula	Status	Slack
$C$5	Drilling Marginal Profit==> Amount used	480	$C$5<=$B$5	Binding	0
$C$6	Grinding Marginal Profit==> Amount used	336	$C$6<=$B$6	Not Binding	144
$C$7	Heat Treatment Marginal Profit==> Amount used	480	$C$7<=$B$7	Binding	0
$D$3	Number to produce Product A	24	$D$3>=0	Not Binding	24
$E$3	Number to produce Product B	48	$E$3>=0	Not Binding	48
$F$3	Number to produce Product C	0	$F$3>=0	Binding	0

图 A. 6　Solver 中包括解决方案和瓶颈的答案报告

Microsoft Excel 10.0 Sensitivity Report
Worksheet: [LPSolver.xls]SimpleConstraint
Report Created: 8/18/2006 6:04:01 PM

Adjustable Cells

Cell	Name	Final Value	Reduced Cost	Objective Coefficient	Allowable Increase	Allowable Decrease
$D$3	Number to produce Product A	24	0	6	2	3
$E$3	Number to produce Product B	48	0	6	6	1.5
$F$3	Number to produce Product C	0	-3.8	4	3.8	1E+30

Constraints

Cell	Name	Final Value	Shadow Price	Constraint R.H. Side	Allowable Increase	Allowable Decrease
$C$5	Drilling Marginal Profit==> Amount used	480	0.3	480	160	240
$C$6	Grinding Marginal Profit==> Amount used	336	0	480	1E+30	144
$C$7	Heat Treatment Marginal Profit==> Amount used	480	0.6	480	180	120

图 A.7　Solver 敏感性分析

允许增加（allowable increase）和允许减少（allowable decrease）是指影子价格失效前资源可以变化的数量。换句话说，钻孔 30 美分的影子价格是指钻孔的时间范围为 [240，640] 分钟。热处理 60 美分的影子价格是指钻孔的时间范围为 [360，660] 分钟。

磨光不是瓶颈，因此“允许增加”是无限的。“允许减少”也不需要加以说明，它等于这个资源的松弛量。缩短少于 144 分钟的磨光时间不会使得影子价格发生变化，但是如果缩短更多则会使得磨光成为一个瓶颈。

参考文献

Aitken, Hugh G. J. 1985. *Scientific Management in Action: Taylorism at Water-town Arsenal*, 1908 – 1915. Princeton, NJ: Princeton University Press.

Anthony, Robert, and James S. Reece. 1983. *Accounting: Text and Cases*, 7th ed. Homewood, IL: Richard D. Irwin.

Arnold, Horace Lucien, and Fay Leone Faurote. 1915. "Ford Methods and the Ford Shops." New York: *The Engineering Magazine*. Reprinted 1998, North Stratford, NH: Ayer Company Publishers.

Automotive Industry Action Group (AIAG). 2006. *CQI – 10: Effective Problem Solving, A Guideline*. Southfield, MI.

Basset, William. 1919. *When the Workmen Help You Manage*. New York: The Century Company.

Begley, Sharon. 2005. "How Brief Drop in Cars Can Trigger Tie-Ups, and Other Traffic Tales." *Wall Street Journal*, Science Journal section, July 1, 2005.

Bennett, Harry, as told to Paul Marcus. 1951. *Ford: We Never Called Him Henry*. New York: Tom Doherty Associates.

Chen, Stephanie. 2006. "States Boost Speed Limits On Major Highways." *Wall Street Journal*, July 20, 2006; page D1.

Clausewitz, Carl von. 1976. *On War*. Translated by M. Howard and P. Paret. Princeton, NJ: Princeton University Press.

Coughanowr, Donald R., and Lowell B. Koppel. 1965. *Process System Analysis and Control*. New York: McGraw-Hill.

Cronley, Major T. J. 1986. "Curtis E. LeMay: The Enduring 'Big Bomber Man.'" United States Marine Corps Command and Staff College, Quantico, Va (www. globalsecurity. org/wmd/·library/report/1986/CTJ. htm)

Cubberly, William H. , and Ramon Bakerjian, eds. 1989. *Tool and Manufacturing Engineers Handbook*, Desk Edition. Dearborn, MI: Society of Manufacturing Engineers.

Dana, Richard Henry. 1909 – 1914. *Two Years Before the Mast.* New York: P. F. Collier & Son.

Ford, Henry, and Samuel Crowther. 1930. *Moving Forward.* New York: Doubleday, Doran, & Company.

Ford, Henry, and Samuel Crowther. 1922. *My Life and work.* New York: Doubleday, Page & Company.

Ford, Henry, and Samuel Crowther. 1926. *Today and Tomorrow.* New York: Doubleday, Page & Company. (Reprint available from Productivity Press, 1988.)

Franklin, Benjamin. 1758 and 1986. *The Way to Wealth.* Bedford, MA: Applewood Books.

Franklin, Benjamin. 1733 and 2002. *Poor Richard's Almanack.* Bedford, MA: Applewood Books.

Gardner, Les, and Frank Nappi. 2001. "The Total Impact of Minor Stoppages." The 6th Annual Lean Management and TPM Conference, sponsored by Productivity Inc. October 25 – 26, 2001, Dearborn, MI.

Gilbreth, Frank. 1911. *Motion Study.* New York: D. Van Nostrand Reinhold.

Goldratt, Eliyahu, and Jeff Cox. 1992. *The Goal.* 2nd rev. ed. Croton – on – Hudson, NY: North River Press.

Goudey, Catherine. 1997. *Wheels of Time: A Biography of Henry Ford.* Brookfield, CT: The Millbrook Press.

Halpin, J. F. 1966. *Zero Defects.* New York: McGraw – Hill.

Hardy, Robert. 1992. *Longbow.* Bois d'Arc Press, New York: Lyons & Burford.

Harrington, H. James. 2006. "Looks Good on Paper: Inflated accounting systems cost dearly in inventory, scrap, and rework." *Quality Digest*, July 20 06 (www. qualitydigest. com/july06/columnists/jharrington. shtml).

Hayes, Robert H., Steven C. Wheelwright, and Kim B. Clark. 1988. *Dynamic Manufacturing: Creating the Learning Orgnization.* New York: The Free Press.

Heizer, Jay, and Barry Render. 1991. *Production and Operations Management.* 2nd ed. Needham Heights, MA: Allyn and Bacon.

Hillier, Frederick S., and Gerald J. Lieberman. 1980. *Introduction to Operations Research.* Oakland, CA: Holden – Day.

Hogg, Ian V. 1983. *Guns and How They Work.* Secaucus, NJ: Chartwell Books.

Hopp, Wallace J., and Mark L. Spearman. 2000. *Factory Physics.* 2nd ed. New York: McGraw – Hill.

Hoyer, R. W. 2001. "Why Quality Gets an 'F': What happens when the bottom line overrides a focus on customer needs." *Quality Progress*, October 2001, 32 – 36.

Hradesky, John. 1986. *Productivity & Quality Improvement: A Practical Guide to Implementing Statistical Process Control.* New York: McGraw – Hill.

Imai, Masaaki. 1997. *Gemba Kaizen.* New York: McGraw – Hill.

Kalpakjian, Serope. 1984. *Manufacturing Processes for Engineering Materials.* Reading, MA: Addison – Wesley.

Kipling, Rudyard. 1897. *Captains Courageous.* New York: Century.

Law, Averill M., and W. David Kelton. 1982. *Simulation, Modeling, and Analysis.* New York: McGraw – Hill.

Levinson, William. 2002. *Henry Ford's Lean Vision: Enduring Principles from the First Ford Motor Plants.* Portland, OR: Productivity Press.

Levinson, William, and Raymond Rerick. 2002. *Lean Enterprise: A Synergistic Approach to Minimizing Waste.* Milwaukee, WI: ASQ Quality Press.

Melville, Herman. 1849 and 2004. *Redburn: His First Voyage.* Whitefish, MT: Kessinger Publishing.

Menning, Bruce W. 1986. "Train Hard, Fight Easy: The Legacy of A. V. Suvorov and His 'Art of Victory.'" *Air University Review*, December 1986, 79 – 88.

Norwood, Edwin P. 1931. *Ford: Men and Methods.* Garden City, NY: Doubleday, Doran & Company.

Ohno, Taiichi. 1988. *Toyota Production System.* Portland, OR: Productivity Press.

Parkhurst, Frederic A. 1912. *Applied Methods of Scientific Management.* Easton: Hive Publishing Company (1980 reprint published by Wiley, NY) .

Peters, Tom. 1987. *Thriving on Chaos.* New York: Harper & Row.

Preston, Anthony. 1981. *Battleships.* Bison Books Ltd.

Quality Council of Indiana, 2001. *Certified Six Sigma Black Belt Primer.* West Terre Haute, IN.

Rigg, James L. 1977. *Engineering Economics.* New York: McGraw – Hill.

Robinson, Alan, ed. 1990. *Modern Approaches to Manufacturing Improvement: The Shingo System.* Portland: Productivity Press.

Sawyer, Christopher. 2001. "Hot off the Skillet." *Automotive Design and Production*, February 2001. (http://www.autofieldguide.com/columns/0201oncar.html)

Schonberger, Richard J. 1982. *Japanese Manufacturing Techniques: Nine Hidden Lessons in Simplicity.* New York: The Free Press.

Schonberger, Richard J. 1986. *World Class Manufacturing.* New York: The Free Press.

Seo, K. K. 1984. *Managerial Economics: Text, Problems, and Short Cases.* Homewood IL: Richard D. Irwin.

Sheckley, Robert. 1968. "The Laxian Key" in *The People Trap.* New York: Dell Publishing.

Shingo, Shigeo (Andrew Dillon, trans.) . 1987. *The Sayings of Shigeo Shingo: Key Strategies for Plant Improvement.* Portland, OR: Productivity Press.

Shingo, Shigeo. 1986. *Zero Quality Control: Source Inspection and the Poka – Yoke System.* Portland, OR: Productivity Press.

Smith, Wayne. 1998. *Time Out: Using Visible Pull Systems to Drive Process Improvement.* New York: John Wiley & Sons.

Sorensen, Charles E., with Samuel T. Williamson. 1956. *My Forty Years with Ford.* New York: W. W. Norton.

Standard, Charles, and Dale Davis. 1999. *Running Today's Factory: A Proven Strategy for Lean Manufacturing.* Cincinnati: Hanser Gardner Publications.

Suzaki, Kiyoshi. 1987. *The New Manufacturing Challenge: Techniques for Continuous Improvement.* New York: The Free Press.

Taylor, Frederick Winslow. 1911. *Shop Management.* New York: Harper & Brothers Publishers.

The System Company. 1911. *How Scientific Management is Applied.* London: A. W. Shaw Company Ltd.

The System Company. 1911. *How to Get More Out of Your Factory.* London: A. W. Shaw Company, Ltd.

Turbide, Dave. 2004. "A Lean Approach to Lean." *APICS—The Performance Advantage*, July/August 2004.

Voiland, Douglas E. 2001. "A Nice Problem to Have: A commonsense approach to TOC can save even the most successful company." *APICS—The Performance Advantage.* July 2001, 29 – 31.

Von Steuben, Friedrich. 1774. *Regulations for the Order and Discipline of the Troops of the United States.* Philadelphia: Styner and Cist.

Walker, Bill. 2001. "Supply Chain Management," APICS – NEPA meeting, Pittston, PA, March 14, 2001.

Womack, James P., and Daniel T. Jones. 1996. *Lean Thinking.* New York: Simon & Schuster.

书系代码	书　　名	作　者	定 价
经营管理			
BM001	《并购成长》(Digital Deals)	Geis	29.80
BM002	《绩效！绩效！》(企业培训版) (Coaching for Improved Performance)	Fournie	39.80
BM003	《质量无泪》(Quality Without Tears)	Crosby	39.80
BM004	《海阔天空——我在 DELL 的岁月》	方国健	20.00
BM005	《心时代——一个情感化的世界及其经济图景》	曹世潮	20.00
BM006	《情境领导者》(The Situational Leader)	保罗·赫塞	18.00
BM007	《EMBA 销售管理》(Sales Management)	Calvin	45.00
BM008	《EMBA 财务管理》 (Finance and Accounting for Non-financing Managers)	Weston	49.80
BM009	《EMBA 兼并与收购》(Mergers and Acquisitions)	Weston	38.00
BM010	《EMBA 公司战略》(Corporate Strategy)	Colley	39.80
BM011	《EMBA 创业管理》(Entrepreneurial Management)	Calvin	49.80
BM012	《EMBA 领导艺术》(Managerial Leadership)	Topping	35.00
BM013	《EMBA 战略营销管理》 (Strategic Marketing Management)	Parry	42.00
BM014	《EMBA 公司治理》(Corporate Governance)	Colley 等	49.80
BM015	《六西格玛是什么》(What is Six Sigma)	Pande	15.00
BM016	《六西格玛基础教材》(The Six Sigma Basic Training Kit)	Juran	80.00
BM017	《六西格玛团队实战手册》 (The Six Sigma Way Team Fieldbook)	Pande, Neuman, Cavanagh	49.80
BM018	《六西格玛团队怎么做》(Six Sigma Team Pocket Guide)	Federico	16.00
BM019	《杰克·韦尔奇领导艺术词典》 (Jack Welch Lexicon of Leadership)	Krames	32.00
BM020	《杰克·韦尔奇的 29 个领导秘诀》 (29 Leadership Secrets from Jack Welch)	Slater	29.80
BM021	《通用电气"群策群力"》(GE Work-Out)	Ulrich 等	39.80
BM022	《顶峰》(Million Dollar Consulting)	Weiss	48.00
BM023	《战略计划实务》(Applied Strategic Planning)	Goodstein 等	48.00
BM024	《平衡计分卡实用指南》(Balanced Scorecard)	Paul Niven	49.80
BM025	《战略物流管理》(Strategic Logistic Management)	Stock	80.00
BM026	《整合——企业并购成功之道》(M&A Integration)	Schweiger	39.80
BM027	《战略领导》(The Art and Discipline of Strategic Leadership)	Freedman	32.00
BM028	《经理薪酬完全手册》 (The Complete Guide to Executive Compensation)	Bruce R. Ellig	65.00

书系代码	书　　名	作　者	定 价
BM029	《突破困境的领导艺术》(Leadership When the Heat's On)	Cox, Hoover	39.80
BM030	《朱兰自传》(Architect of Quality)	Juran	50.00
BM031	《卓越领导》(The Extraordinary Leader)	Zenger 等	39.80
BM032	《精益六西格玛案例》(Learning into Six Sigma)	Wheat 等	18.00
BM033	《领袖魅力》(Executive Charisma)	Benton	39.80
BM034	《西南航空案例》(The Southwest Airlines Way)	Gittell	49.80
BM035	《危机领导》(Leader Shock)	Hicks	29.80
BM036	《应变》(Agile Business for Fragile Times)	麦卡锡　等	35.00
BM037	《绩效导向的领导力》(Results-Based Leadership)	Ulrich　等	49.80
BM038	《企业沟通的威力》(The Power of Corporate Communication)	Argenti　等	39.80
BM039	《贯彻执行　现在就做》(Why Can't We Get Anything Done Around Here?)	李夫顿　等	20.00
BM040	《高效能团队领导智慧》(Leadership Lessons of The Navy Seals)	坎农　等	39.80
BM041	《竞争性销售》(Hope is not a Strategy)	佩吉	39.80
BM042	《丰田汽车案例》(The Toyota Way)	莱克	49.80
BM043	《风险管理》(Risk Management)	科罗赫　等	80.00
BM044	《团队工作》(The Work of Teams)	卡岑巴赫	39.80
BM045	《通用电气案例》(GE Work-out)	Ulrich　等	49.80
BM046	《质量无泪》(修订版)	Crosby	39.80
BM047	《绩效改进 19 讲》(201 Ways to Turn any Employee Into a Star Performer)	霍利	29.80
BM048	《人性管理》(The Uncertain Art of Management)	奥斯曼	39.80
BM049	《透明管理》(The Transparency Edge)	佩格诺	29.80
BM050	《成本改进 181 法》(A Manager's Guide to Creative Cost Cutting)	大卫·杨	29.80
BM051	《直觉》(The Art of What Works)	杜根	39.80
BM052	《劣势者的优势》(The Underdog Advantage)	莫里	39.80
BM053	《精益六西格玛服务》(Lean Six Sigma for Service)	乔治	55.00
BM054	《活学活用博弈论》(Game Theory At Work)	米勒	39.80
BM055	《巅峰绩效》(Peak Performance)	卡岑巴赫	39.80
BM056	《丰田汽车:精益模式的实践》(The Toyota Way Fieldbook)	莱克 等	65.00
BM057	《什么是公司治理》(What is Corporate Govermance)	科利 等	18.00
BM058	《MBA 名校的 10 堂课》(What the Best MBAs Know)	纳瓦洛	49.80
BM059	《现代企业管理教程》(Understanding Business)	尼科尔斯 等	50.00
BM060	《领导艺术》(The Art of Leadership)	曼宁 等	50.00
BM061	《产品生命周期管理》(Product Lifecycle Management)	格里夫斯	49.80
BM062	《创新从头开始》(What customers want)	伍维克	29.80
BM063	《创新引擎》(Fast Innovation)	George	39.80

书系代码	书　　名	作　者	定 价
BM064	《苹果电脑案例》(The Apple Way)	Cruikshank	39.80
BM065	《企业外包实务》(The Manager's Step-by-Step Guide to Outsourcing)	Dominguez	29.80
BM066	《重塑创业精神》(Lead Like an Entrepreneur)	桑伯里	45.00
BM067	《顾客导向》(The Outside-In Corporation)	邦德	39.80
BM068	《定价与收益优化》(Pricing and Revenue Optimization)	菲利普斯	60.00
BM069	《笑梁山》	陈实	35.00
BM070	《价值流管理:面向全局供应链的精益方法》	多尔斯麦思卡罗	43.00
BM071	《新企业所得税法与会计准则比较分析》	张炜	68.00
BM072	《丰田产品开发体系》	摩根,莱克	60.00
BM073	《联想:中国 IT 企业国际化品牌行销之道》	周锡冰	39.80
BM074	《每秒千桶》(A Thousand Barrels a Second)	特扎基安	39.80
BM075	《活学活用丰田生产方式》	田鹏	26.00
BM076	《什么是精益》(Lean Production Simplified)	丹尼斯	35.00
BM077	《纳税会计》	张炜	46.00
BM078	《精益办公价值流》(The Complete Lean Enterprise)	凯特,劳克尔	35.00
BM079	《超越平衡计分卡》(Beyond the Balanced Scorecard)	布朗	39.80
BM080	《超越约束理论》(Beyond the Theory of Constraints)	莱文森	35.00
BM081	《精益企业文化》(Creating a Lean Culture)	曼恩	39.80
经济学			
E-001	《中国经济》(Chinese Economy)	蔡昉,林毅夫	39.80
E-002	《宏观经济学》(Macroeconomics)	Dornbusch	60.00
E-003	《经济学》(Economics)	McConnell,Brue	79.00
E-004	《微观经济学》(Microeconomics and Behavior)	Frank	65.00
E-005	《环境经济学》(Introduction to Environmental Economics)	Field 等	50.00
E-006	《财富的诞生》(The Birth of Plenty)	Bernstein	49.80
E-007	《ArcView GIS® 与 ArcGIS® 地理信息统计分析》(Statistical Analysis of Geographic Information with ArcView GIS® and ArcGIS®)	David Wong 等	58.00
管理学			
MT001	《战略物流管理》(Strategic Logistic Management)	Stock	80.00
MT002	《物流战略咨询》(Supply Chain Strategy)	Frazelle	49.80
MT003	《组织人员配置》(Staffing Organization)	Heneman, Judge	
MT004	《战略管理》(Strategic Management)	Dess 等	40.00
MT005	《数据模型与决策:运用电子表格建模与案例研究》(第1版)(Introduction to Management Science)	Hillier 等	75.00
MT006	《数据模型与决策:运用电子表格建模与案例研究》(第2版)(Introduction to Management Science)	Hillier 等	75.00
MT007	《电子商务导论》(Introduction to E-Commerce)	雷波特　等	58.00
MT008	《供应链设计与管理》(Designing and Managing The Supply Chain)	辛奇—利维　等	40.00

书系代码	书　　名	作　者	定 价
MT09	《管理学基础》(Management)	克尼基　等	48.00
MT010	《定价》(Pricing)	门罗	65.00
MT011	《精通战略》(Mastering Strategy)	雷格斯比　等	39.80
MT012	《战略采购管理》(Harnessing Value in the Supply Chain)	班菲尔德	39.80
MT013	《逆向管理》(Don't Oil the Squeaky Wheel)	Rinke	39.80
MT014	《跨国管理》(Transnational Management)	Bartlett 等	79.80
MT015	《运营管理》(Matching Supply with Demand)	Cachon 等	50.00
MT016	《供应链与价值网创新企业案例》	任建标	35.00
营销管理			
MM001	《定位》(Positioning)	Ries & Trout	39.80
MM002	《营销战》(修订版)(Marketing Warfare)	Ries & Trout	39.80
MM003	《营销革命》(Bottom-up Marketing)	Ries & Trout	39.80
MM004	《新定位》(The New Positioning)	Trout	39.80
MM005	《颠覆广告》(Disruption)	让—马贺·杜瑞	40.00
MM006	《创意的竞赛》(Which Ad Pulled Best?)	Purvis	39.80
MM007	《广告文案名人堂》(The Art of Writing Advertising)	Higgins	29.80
MM008	《产品经理的第一本书》(The Product Manager's Handbook)	Gorchels	39.80
MM009	《全球整合营销传播》(Communicating Globally)	舒尔茨	39.80
MM010	《整合营销传播:利用广告和促销建树品牌》(IMC: Using Advertising and Promotion to Build Brands)	Duncan	298.00
MM011	《市场战略》(The Market Makers)	Spulber	48.00
MM012	《全球营销》(Global Marketing)	乔尼·约翰逊	60.00
MM013	《网络营销》(Internet Marketing)	默罕默德　等	65.00
MM014	《产品经理的第二本书》(The Product Manager's Field Guide)	Linda Gorchels	39.80
MM015	《营销学基础》(Essentials of Marketing)	佩罗特,麦卡锡	60.00
MM016	《文案发烧》("Hey, Whipple, Squeeze This.":A Guide to Creating Great Ads)	苏立文	39.80
MM017	《小鱼吃大鱼》(Eating the Big Fish)	摩根	45.00
MM018	《什么是战略》(Trout On Strategy)	特劳特	29.80
MM019	《整合营销传播:创造企业价值的五大关键步骤》(IMC: the Next Generation)	唐·舒尔茨　等	39.80
MM020	《促销管理的第一本书》	Schultz	39.80
MM021	《广告箴言》(And Now a Few Words From Me)	加菲尔德	29.80
MM022	《营销计划手册》(The Successful Marketing Plan)	赫宾 等	68.00
MM023	《渠道管理的第一本书》(The Manager's Guide to Distribution Channels)	哥乔斯 等	35.00
MM024	《项目管理的第一本书》(The McGraw-Hill 36 – Hour Project Management)	库克,塔特	

书系代码	书　　名	作　者	定 价
MM025	《细读杰克·韦尔奇》	Krame, Slater	39.80
MM026	《品牌资产管理》(Brand Asset Management)	戴维斯	39.80
MM027	《互愿营销》(Opt-In Marketing)	罗曼 等	39.80
MM028	《小技巧　大销售》(401 Killer Marketing Tactics)	费尔藤斯坦	39.80
MM029	《作业成本管理的第一本书》(Common Cents)	特尼	39.80
MM030	《产品经理手册》(The Product Manager's Handbook)	哥乔斯	55.00
MM031	《商战》(20 周年纪念版)(Marketing Warfare)	Ries & Trout	68.00
MM032	《博客营销》(Blog Marketing)	Jeremy Wright	39.80
MM033	《品牌驱动力》(Building the Brand-Driven Business)	戴维斯,邓恩	39.80
MM034	《定价的艺术》(The Art of Pricing)	Mohammed	29.80
MM035	《营销 7 堂课》(Mastering Marketing)	罗斯金-布朗	39.80
销售管理			
SM001	《成功销售管理的 7 大秘诀》(7 Secrets to Successful Sales Management)	Wilner	39.80
SM002	《电话行销,轻松成交》	姚能笔	39.80
SM003	《摸透顾客心》(Ten Demandments)	Mooney Bergheim	39.80
SM004	《练就铁齿铜牙》(Secrets of Power Persuasion for Salespeople)	Dawson	39.80
SM005	《轻松收款》(Collections Made Easy)	卡罗尔	39.80
SM006	《打倒墨菲定律　挽救我的销售》(Beating the Deal Killers)	Giglio	39.80
SM007	《增加销售的 12 种核心技术》(Beyond E)	Diorio	39.80
SM008	《销售管理》(Sales Force Management)	Johnston 等	49.00
SM009	《汽车销售的第一本书》	孙路弘	39.80
SM010	《终极销售力》(Ultimate Selling Power)	莫伊,洛伊德	39.80
SM011	《顶尖销售的 25 堂课》(Secrets of Top Performing Salespeople)	乔诺　等	29.80
SM012	《引爆销售的 10 大黄金法则》	Desena	39.80
SM013	《再造销售奇迹》	Eades	39.80
SM014	《攻心式销售》	Bosworth	24.80
SM015	《百万销售师》	Gardner	24.50
SM016	《成交》	Victor	29.80
SM017	《直销经理的第一本书》(Making Millions in Direct Sales)	马拉汉 等	39.80
SM018	《直销 37 计》(The Ultimate Guide to Network Marketing)	乔·鲁比诺	39.80
职场发展			
CD001	《外企面试宝典》(More Best Answers to the 201 Most Frequently Asked Interview Questions)	DeLuca	25.00
CD002	《人才心理测评》(Psychological Testing at Work)	Hoffman	25.00

书系代码	书　　名	作　者	定 价
CD003	《演讲的艺术》(Strictly Speaking)	Buckley	29.80
CD004	《五大会计师行》	周年洋　等	24.80
CD005	《职业经理自修手册》(The Manager's Self-development Guide)	Pedler	35.00
CD006	《关键对话》(Crucial Conversations)	Patterson 等	29.80
CD007	《静思录》(Finding Your Strength in Difficult Times)	David Viscott	19.80
CD008	《商务英语书信写作精益求精篇》	康宁汉　等	29.80
CD009	《商务人士日常书信写作》(Great Personal Letters for Busy People)	布赫	48.00
CD010	《销售信函》(Sales Letters Ready to Go)	贝塞尔　等	32.00
CD011	《商务信函》(Business Letters Ready to Go)	Bayse	39.80
CD012	《我爱笨老板》(How to Work for an Idiot)	胡佛	29.80
CD013	《实用英语动词短语》(Basic Phrasal Verbs)	斯皮尔斯	35.00
CD014	《赛马》(Horse Sense)	里斯,特劳特	29.80
CD015	《报刊装帧设计手册》(The Newspaper Designer's Handbook)	哈洛维	128.00
CD016	《君子善言》(Speak Like a CEO)	贝茨	32.00
CD017	《脱颖而出》(Shine)	汤普森	29.80
CD018	《量子飞跃》	谢尔顿,刘芊	29.80
CD019	《纳米说服力》	姚能笔	29.80
投资理财			
IF001	《赢得"输家的游戏"》(Winning the Loser's Game)	Ellis	29.80
IF002	《向格雷厄姆学思考,向巴菲特学投资》(How to Think Like Benjamin Graham and Invest Like Warren Buffett)	Cunningham	39.80
IF003	《巴菲特怎样选择成长股》(How to Pick Stocks Like Warren Buffett)	Vick	29.80
IF004	《最后的合伙人》(The Last Partnership)	Geisst	29.80
IF005	《财务报表分析与证券定价》(Financial Statement Analysis and Security Valuation)	Penman	98.00
IF006	《技术分析》(Technical Analysis Explained)	Pring	80.00
IF007	《技术分析 A－Z》(Technical Analysis from A to Z)	Achelis	55.00
IF008	《股票价值评估》(Valuing a Stock)	Gray　等	39.80
IF009	《蜡烛图精解(第3版)》(Candlestick Charting Explained)	Morris	60.00
IF010	《技术分析习题集》(Study Guide for Technical Analysis Explained)	Pring	25.00
IF011	《股票市场的时机选择》(Timing the Stock Market)	亚历山大	48.00
IF012	《最佳卖出点》(It's when You Sell that Counts)	卡西迪	39.80
IF013	《股市名言》(Buy the Rumor, Sell the Fact)	麦洛	29.80
IF014	《向格雷厄姆学思考,向巴菲特学投资》(修订版)	Cunningham	39.80
IF015	《华尔街投资银行史》	Geisst	49.80

书系代码	书　名	作　者	定 价
IF016	《信用风险:度量与管理》	瑟维吉尼	65.00
IF017	《财务报表分析与证券定价》(第二版) (Financial Statement Analysis and Security Valuation)	Penman	98.00
IF018	《信用评分模型技术与应用》	陈建	60.00
IF019	《现代信用卡管理》	陈建	80.00
IF020	《标准普尔教你做好个人理财》(The Standard & Poor's Guide to Personal Finance)	道尼	25.00
IF021	《标准普尔教你做好第一笔投资》(The Standard & Poor's Guide for the New Investor)	马蒂夫	25.00
IF022	《标准普尔教你做好长期投资》(The Standard & Poor's Guide to Long-Term Investing)	提格	20.00
IF023	《股市法则》(Stock Market Rules)	沙伊莫	29.80
IF024	《股指期货100问》	中国国际期货武汉研究中心	25.00
IF025	《巴菲特选股魔法》	洪瑞泰	25.00

(具体数据以出书为准)

图书订购单

（可复印使用）

第一步：请您填写以下资料：

公司名称： 收书人：

发货（邮寄）地址： 邮编：

联系电话： E-mail：

第二步：请您填写您所选购的图书及册数资料：

图书名称（请注明版次）	数　量	单价（RMB）	合计（RMB）
合　　计			

第三步：请您到邮局将款项汇至以下地址：

收 款 人：中国财政经济出版社邮购部

地　　址：北京市海淀区阜成路甲28号新知大厦

邮　　编：100036

电　　话：010－88190406　88190488

传　　真：010－88190414

邮购费用：书价加15%的邮费

第四步：请确认您是否需要增值税票，如果需要请在传真中注明您的增值税信息：

☐ 开具增值税发票　　☐ 开具普通发票

第五步：如果您想了解其他详细情况，请垂询销售热线或发电子邮件：

TEL：010－8819 1017　　E-mail：webmaster@ewinbook. com

第六步：请您在以下空白处签字确认：

客户：

日期：